플러스+
어린이 하농 31
아름
KB245039
아름다운음악아름다운인생
AR 아름출판사

머리말

피아노를 잘 치기 위해서는 기본적인 손가락의 연습이 매우 중요합니다. 그래서 "하농60"은 피아노를 배우는 사람이라면 누구나 꼭 연습해야 하는 필수 교재가 되었습니다.

"플러스 어린이 하농31"은 이 "하농60"에서 31번까지의 연습곡을, 음역을 좁히고 연습곡 마다 꼭 해야 할 변형리듬과 테크닉을 제시하고, 연습할 때 주의해야할 사항 등을 "플러스"에 해설하여 어린이나 초보자들이 무리 없이 학습할 수 있도록 새롭게 편집한 "하농"교재입니다. 기본 바이엘이나 기초 피아노교본을 배울 때 잘못 굳어진 손가락의 자세를 교정하는 것으로부터 시작하여 각 손가락의 힘을 키우고 여러 가지 테크닉을 연습해서 아름답고 고른 소리를 낼 수 있도록 하였습니다.

"플러스 어린이 하농31" 뒤에는 잘 쓰이는 스케일과 아르페지오를 쉽게 풀어서 "부록"으로 실었습니다. 모든 곡에는 약간의 음계와 아르페지오가 다 포함되어 있으므로 진도와 상관없이 별도로 연습하면 체르니, 소나티네, 소곡집, 명곡집 등 을 칠 때 많은 도움이 될 것입니다.

"플러스 어린이 하농31"이 끝나면 "하농60"의 39번부터 시작하여 제3부 고급 테크닉을 익히기를 바랍니다. "하농"은 진도가 중요한 게 아니라 곡을 잘 치기 위한 하나의 훈련이라 생각하고 템포를 조금씩 내면서 꾸준히 연습하는 게 중요합니다. "하농60"의 저자인 하농 선생님이 맨 끝에 적은 글귀처럼 매일 1시간 정도 연습하면 여러분도 훌륭한 피아니스트가 될 수 있을 것입니다.

연습방법

1. 하농은 같은 음형이 반복진행하기 때문에 악보를 보지않고도 쉽게 칠 수 있으므로 꼭 손 모양을 확인하면서 연습하세요. 특히 4, 5번 손가락을 잘 세우고 손등이 꺼지지 않도록 바른 모양을 유지하는 것이 중요합니다. 그리고 팔에 힘이 들어가 있는지를 잘 확인하세요. 만약 힘이 들어갔다면 멈추어 릴랙스 후 그 자리에서 계속 진행합니다. 하농은 무턱대고 그냥 치면 효과도 없고 어깨나 손목에 무리가 올 수 있습니다.

2. 훈련의 목적이 각 손가락의 힘을 독립적으로 키우는 것과, 정확하고 고른 타건에 있으므로 처음부터 빠르게 치지 말고 소리 하나하나에 주의를 기울여 느리게 시작합시다.

3. 연습순서는 **오른손 → 왼손 →양손**의 순서로 하고 각 손가락의 힘을 고르게 쓸 수 있게 되면 윗부분에 제시된 레가토, 스타카토, 점음표 등 여러 리듬 변형을 사용하여 연습합니다. 스타카토는 손가락 하나하나의 정확한 터치를 위해서, 점음표 리듬은 박자나 손가락 벌림에 아주 중요한 연습이므로 빠트리지 말고 연습하세요. 변형예제곡은 여러 가지 테크닉을 사용하여 마무리 곡으로 활용합니다.

변형 1
변형 2
변형 3
1

1 처음에는 오른손, 왼손을 따로 충분히 연습하고 그 다음 양손으로 연습합니다.(1~31번까지)
2 변형③은 앞점음표를 연습한 후 뒤에 점음표로도 연습하면 효과적입니다.

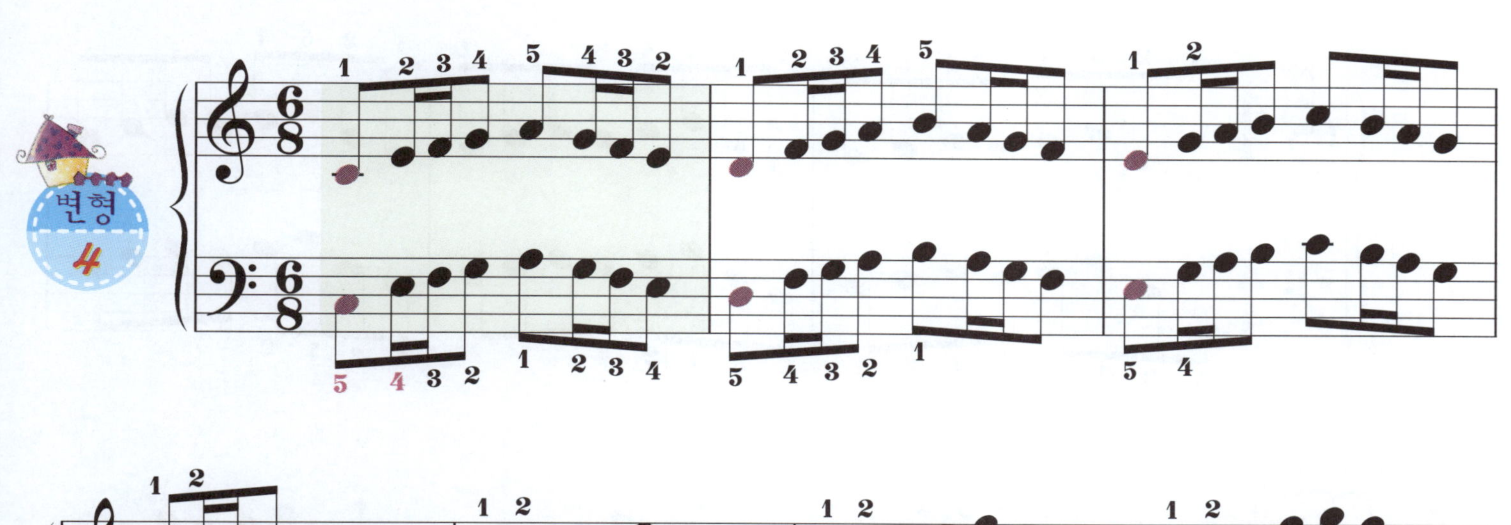

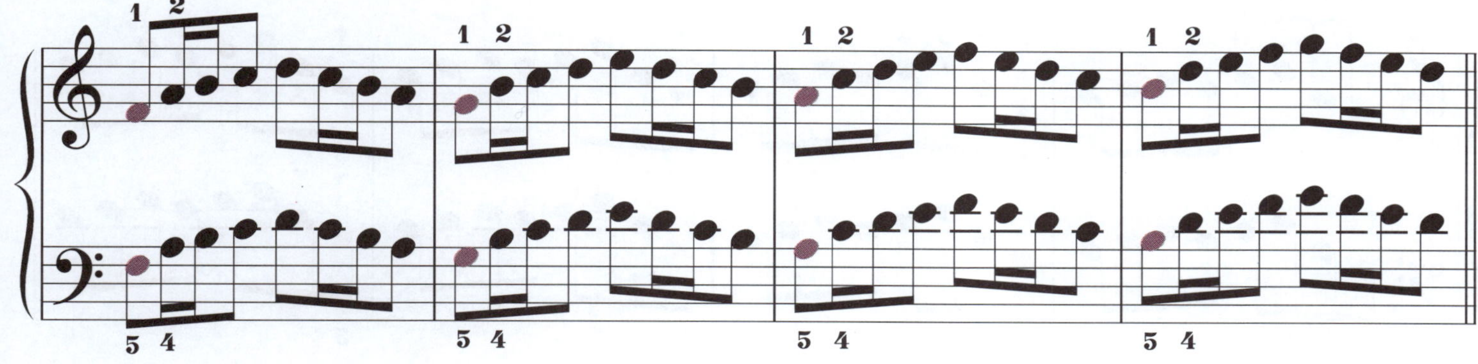

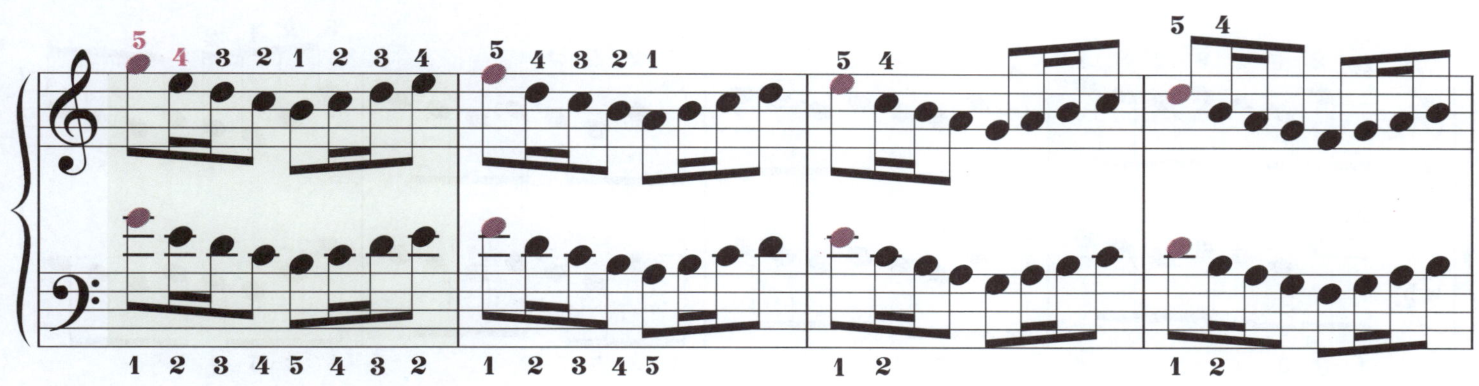

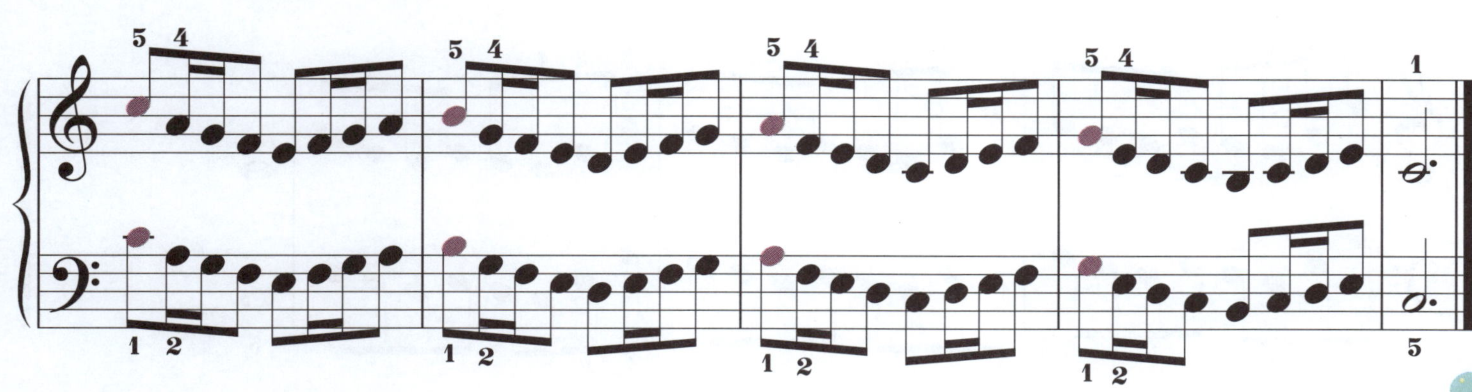

변형 1
변형 2
변형 3
2

① 변형 ④는 슬러와 스타카토의 연습입니다. 먼저 슬러와 스타카토가 없는 상태로 충분히 연습하세요.
② *Simile* (시밀레)는 앞 마디와 같은 주법으로 연주하라는 표시입니다.
변형 ④는 슬러와 스타카토를 넣어서 끝까지 연습합니다.

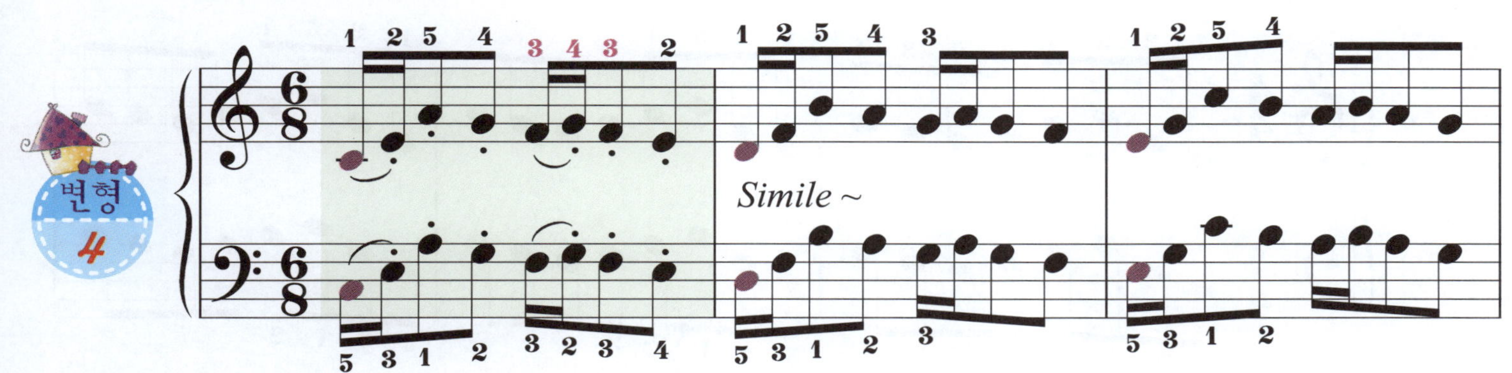

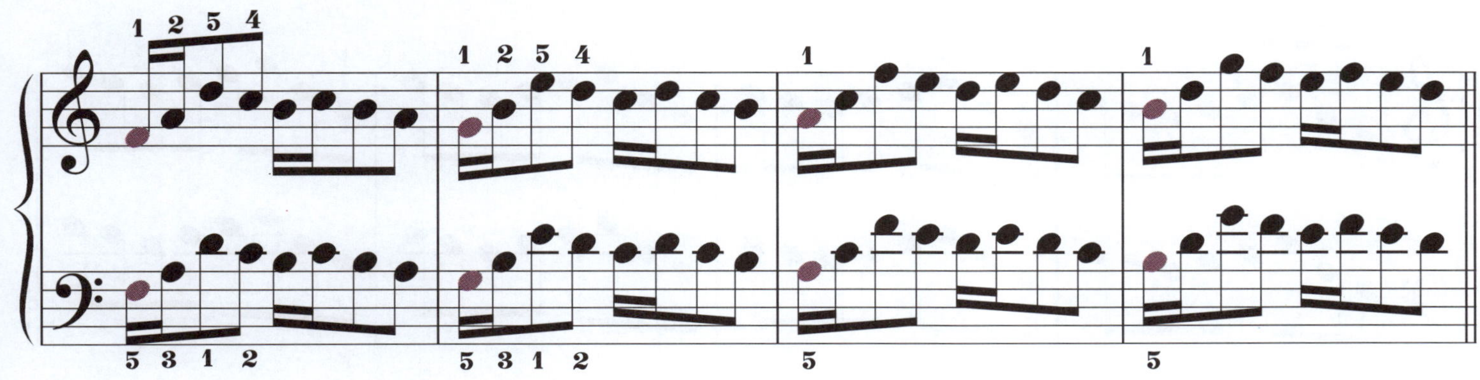

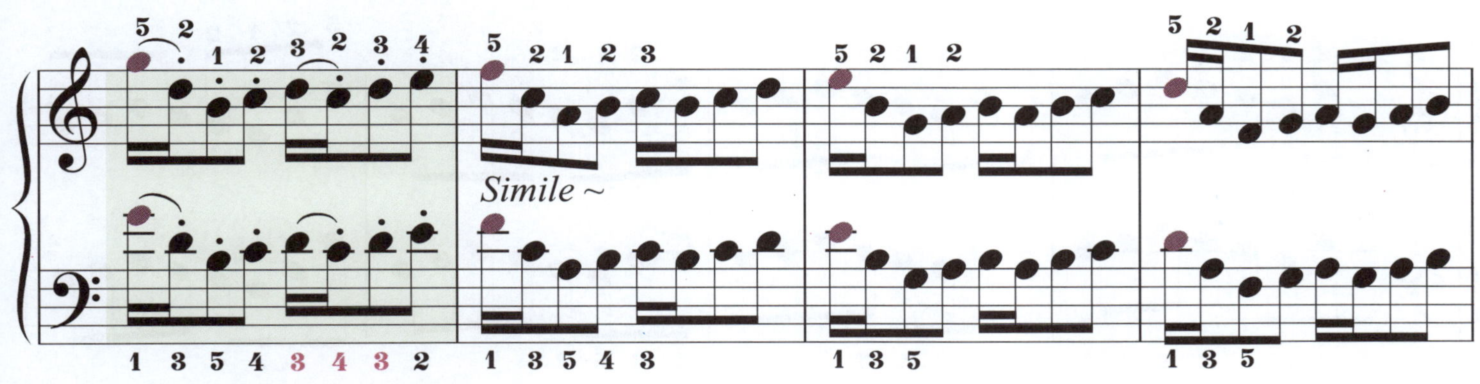

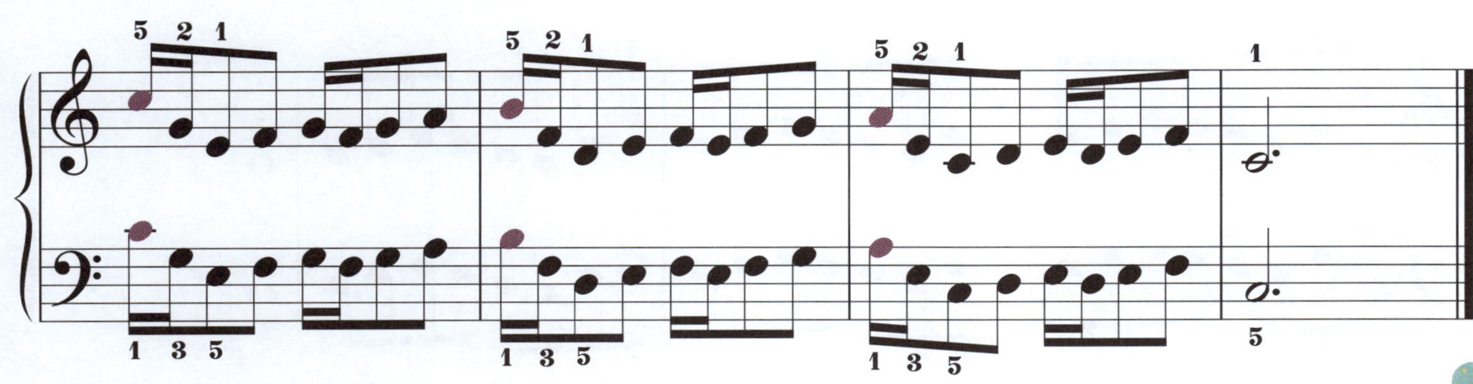

변형 2
변형 3
변형 4
3
8

① 변형 ①을 충분히 연습한 후에 변형 ②로 들어갑니다.

② 왼손의 상행 3-4-3-2 와 오른손의 하행 3-4-3-2 에 주의하세요.

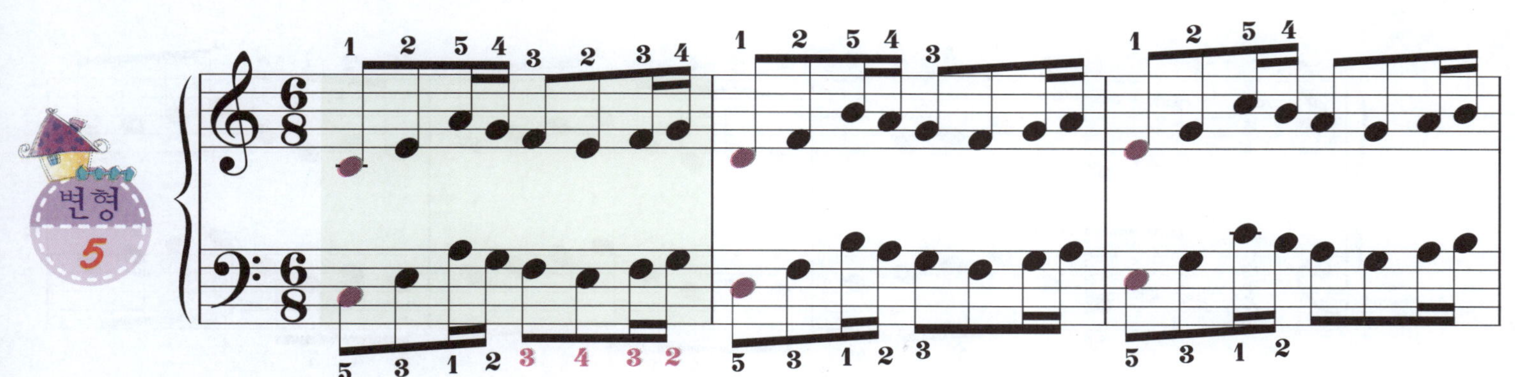

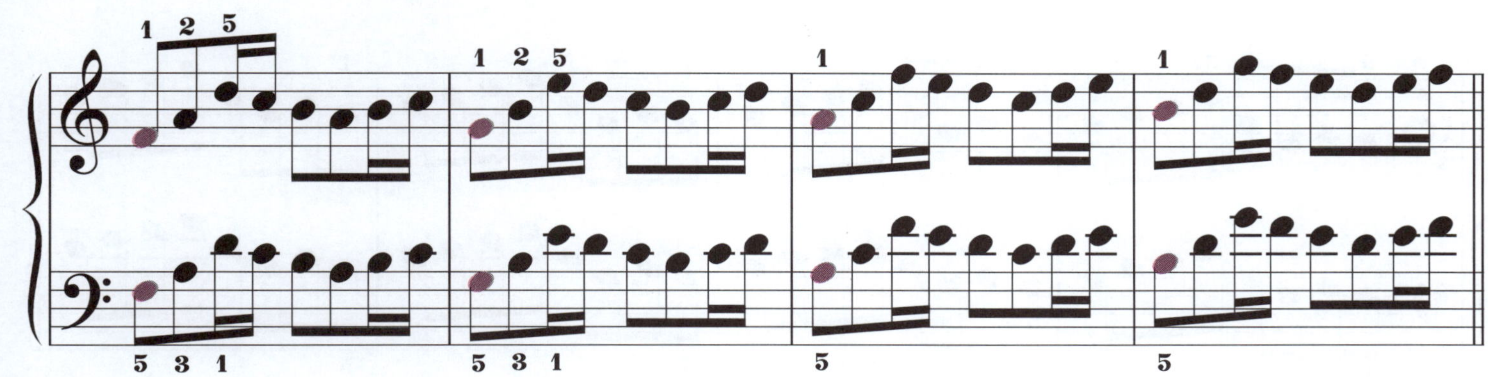

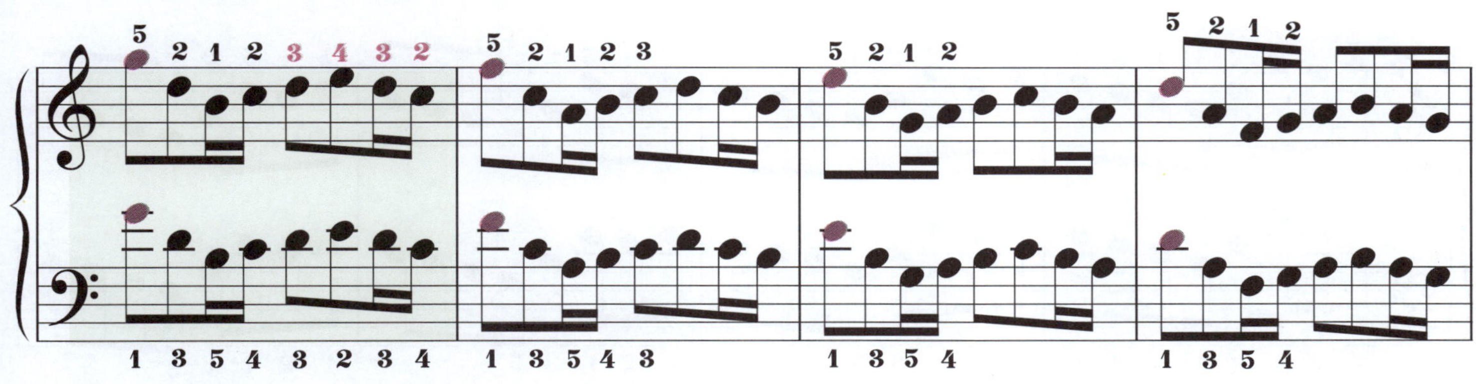

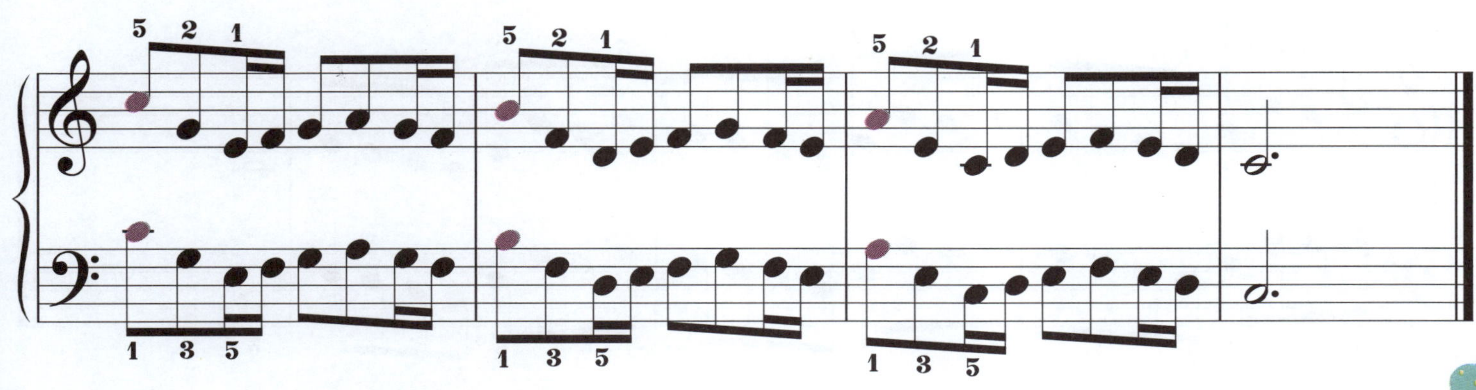

변형 2
변형 3
변형 4
4

① 변형 ①을 충분히 연습한 후에 변형 ②로 들어갑니다.
② 상행할 때는 점점 세게(＜), 하행할 때는 점점 여리게(＞)로 생각하며 연습합니다.
③ 양손 4·5번 손가락에 집중하여 손목을 유연하게 움직이세요.

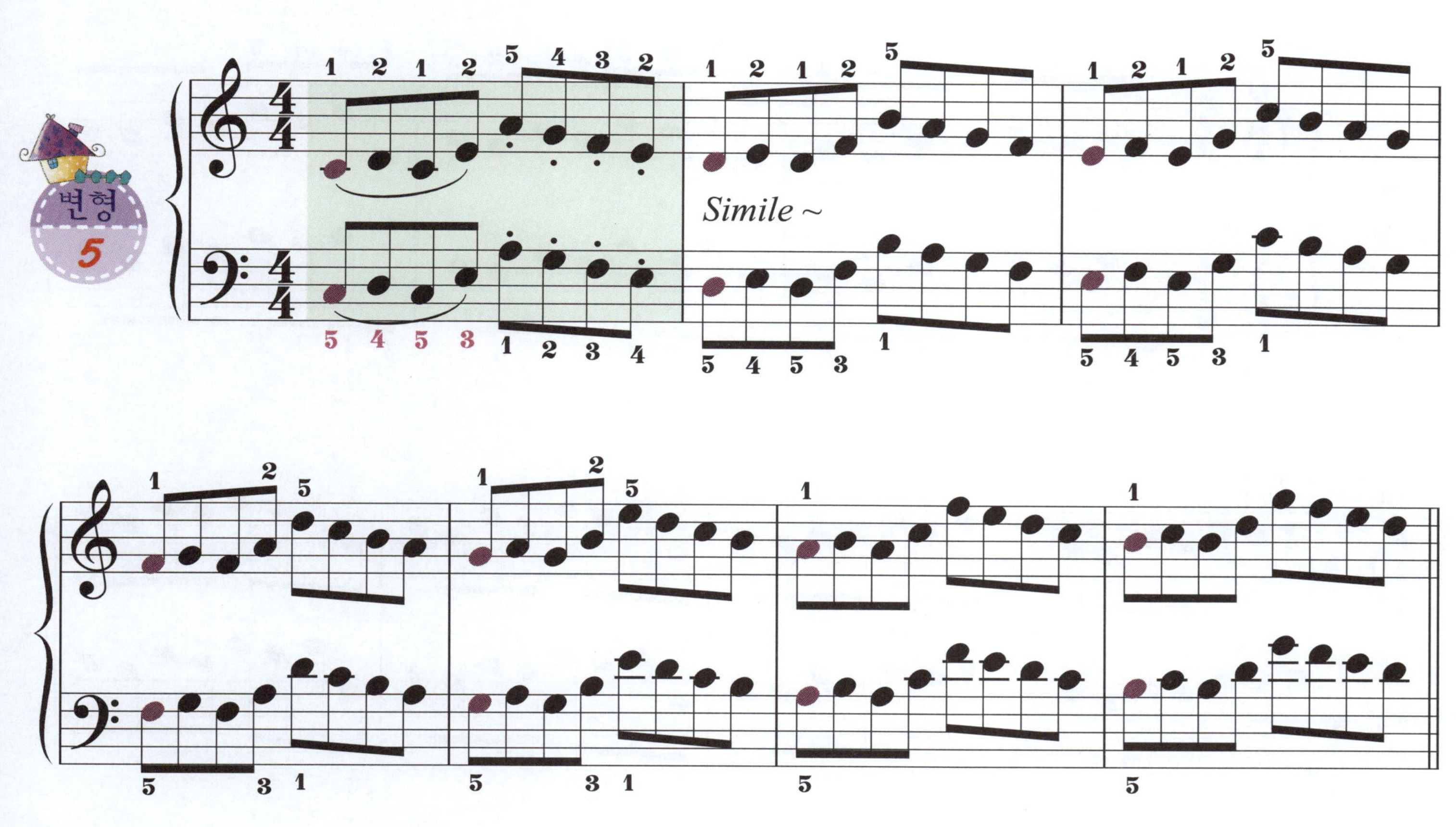

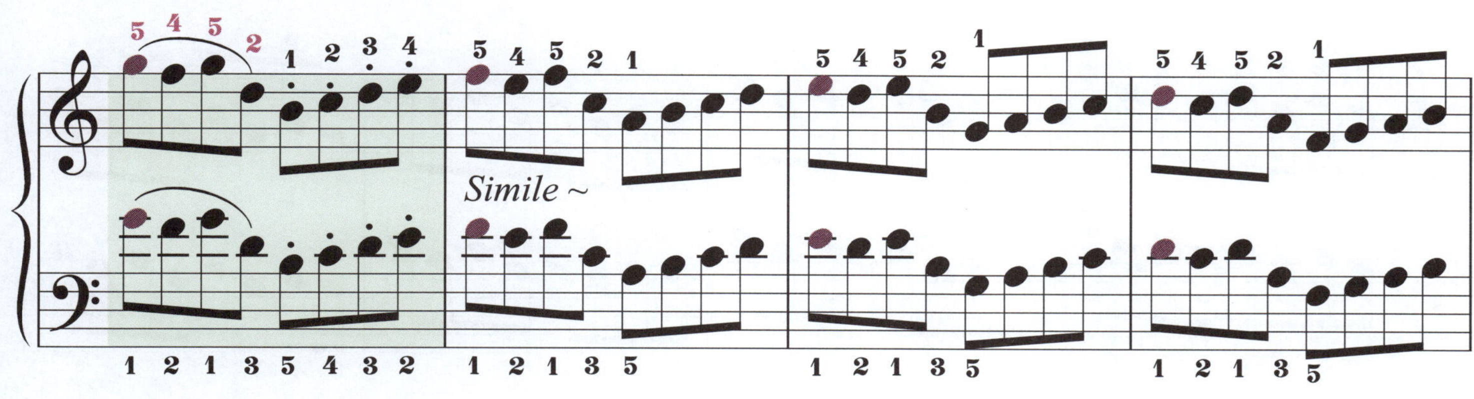

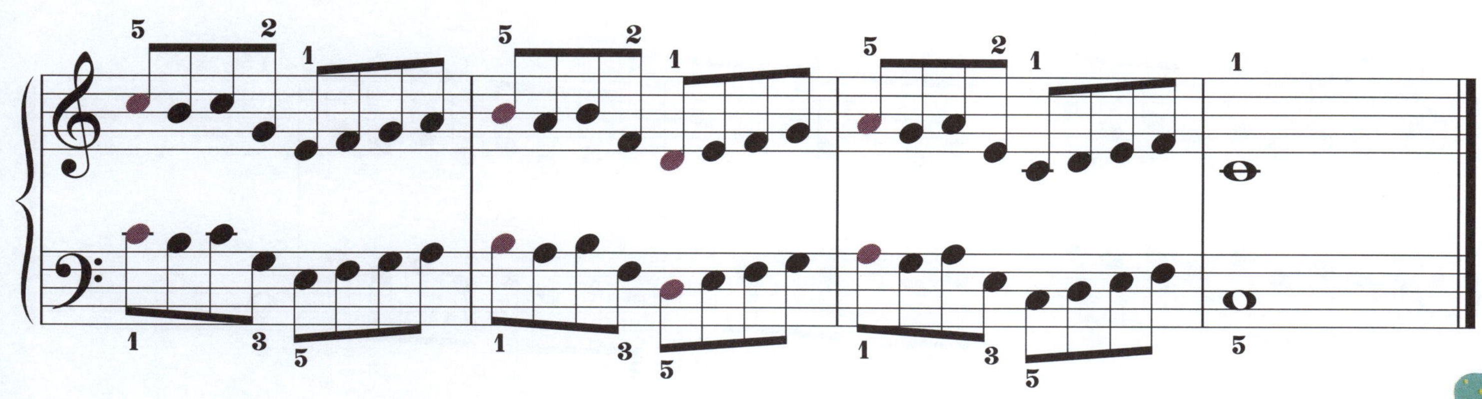

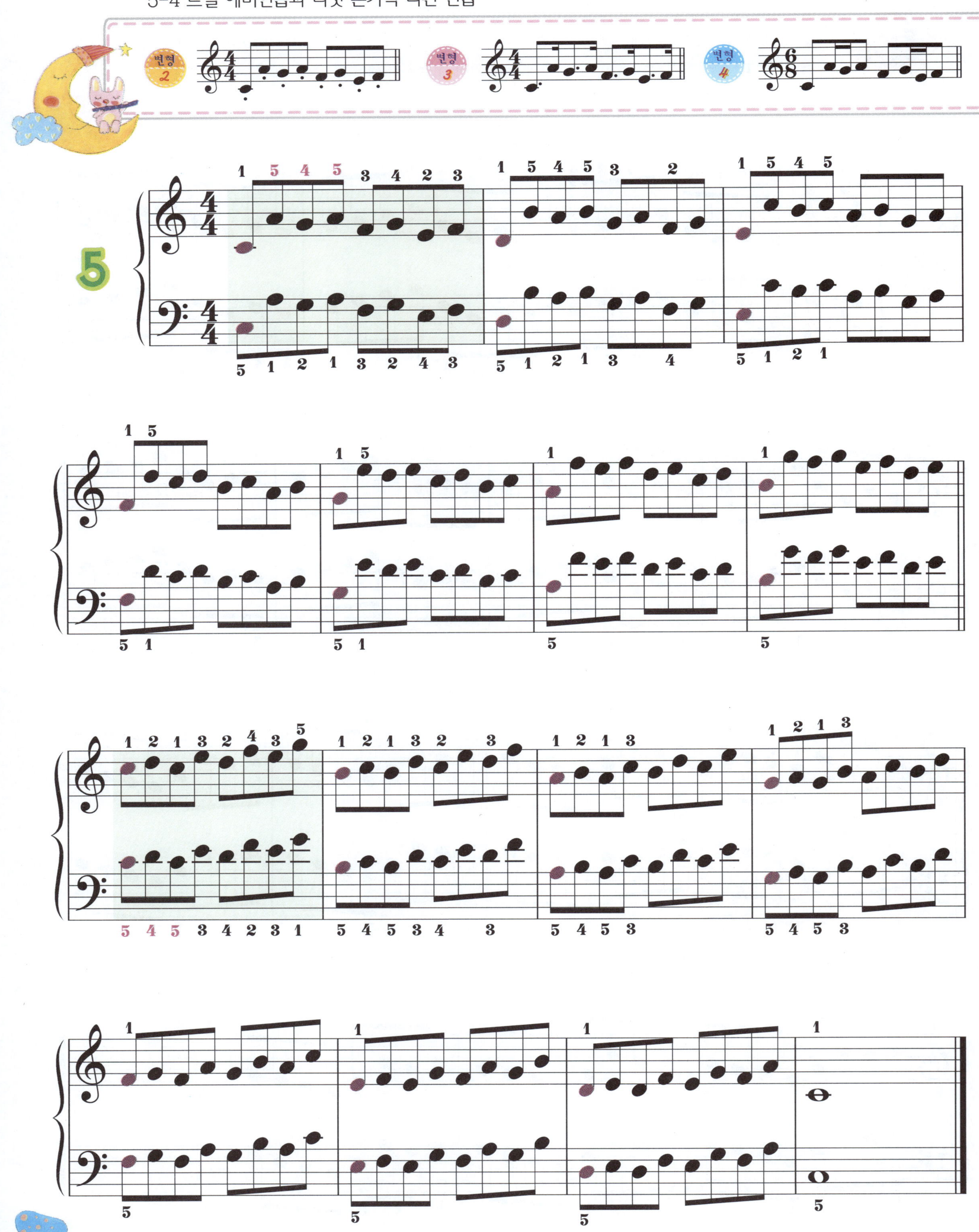
변형 2
변형 3
변형 4
5

① 마디의 첫박에 나오는 1·5번 손가락은 건반을 깊숙히 누른다는 느낌으로 연습합니다.
② 손목의 유연성을 위해 아래 방법으로도 연습해 보세요.

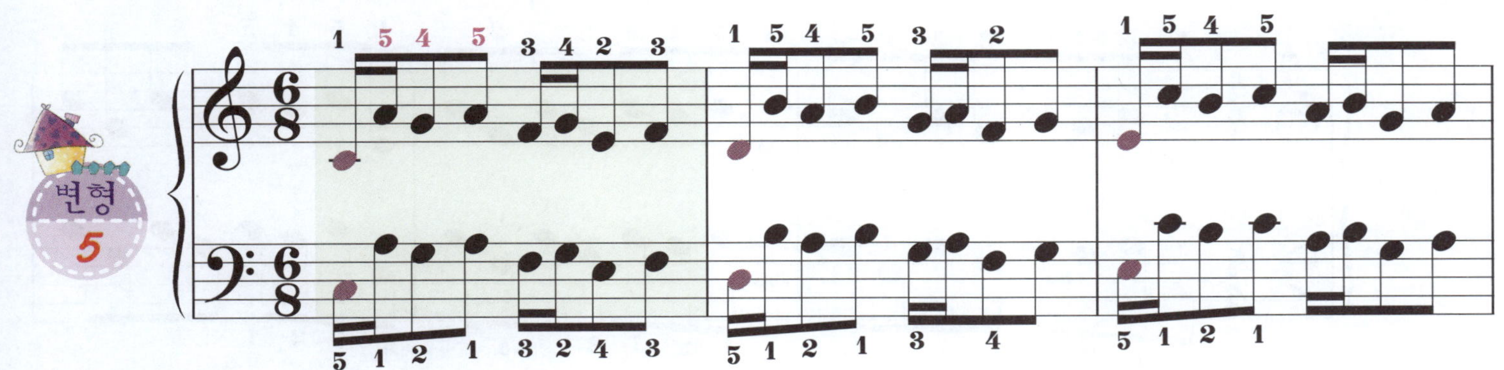

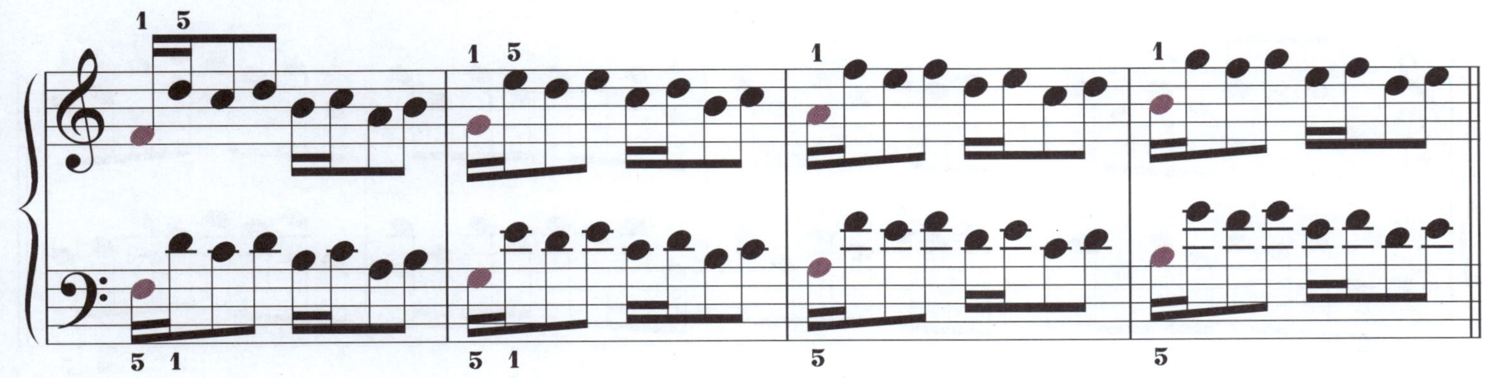

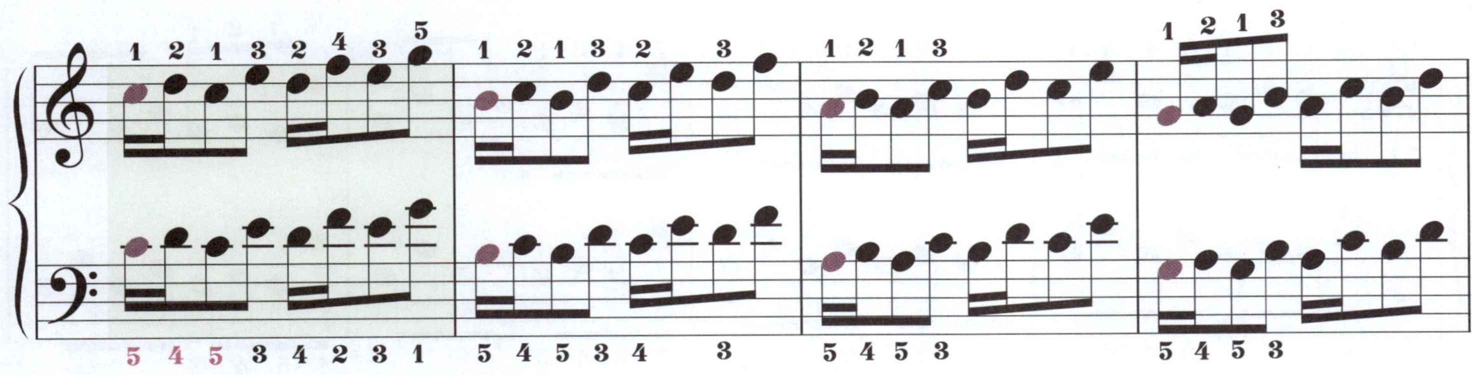

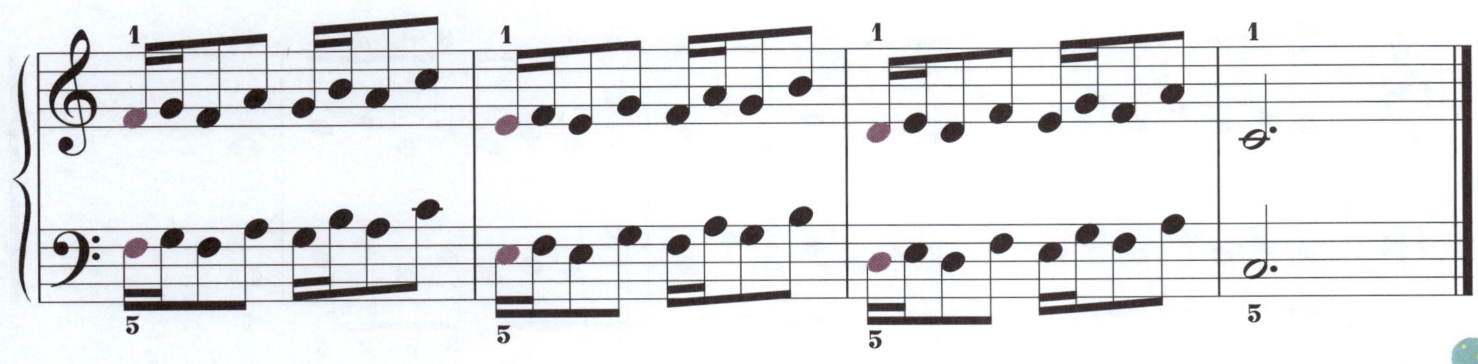

5번 손가락의 자연스런 타건 연습
변형 2
변형 3
변형 4

b
14

1 5번 손가락을 반복 타건할 때 다른 손가락이 위로 향하지 않도록 주의 하세요.

2 손목의 좌,우 회전운동을 위해 아래와 같이 예비 연습을 해 보세요.

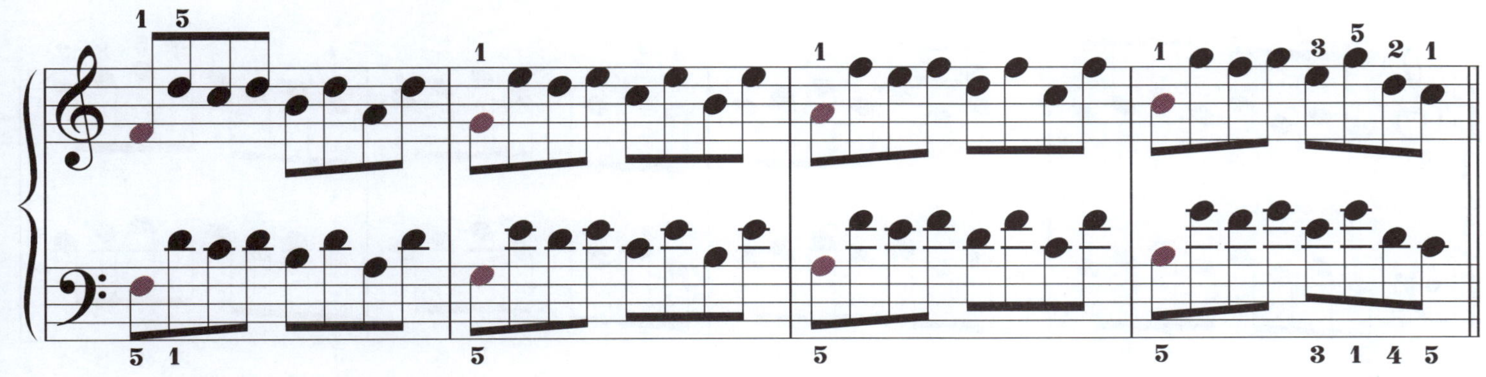

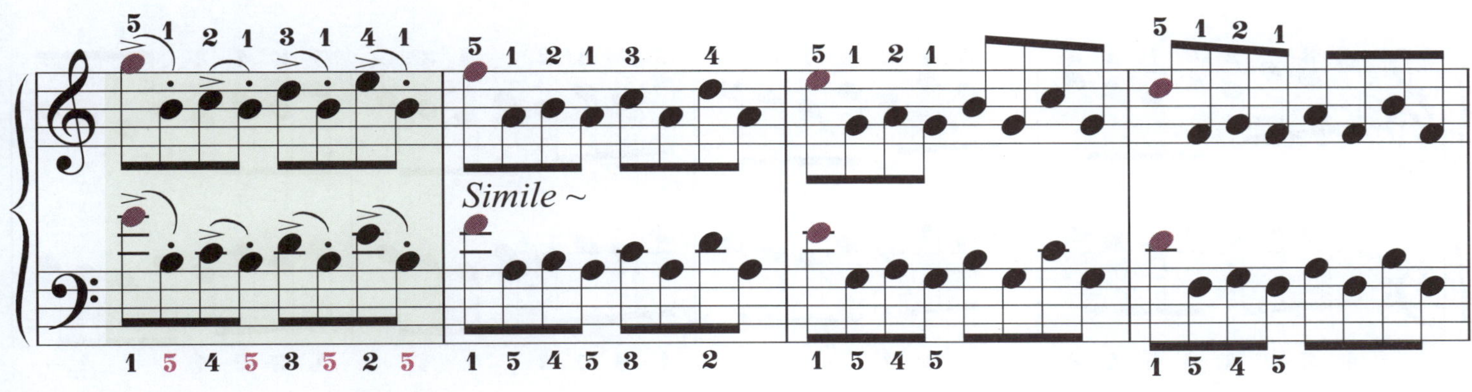

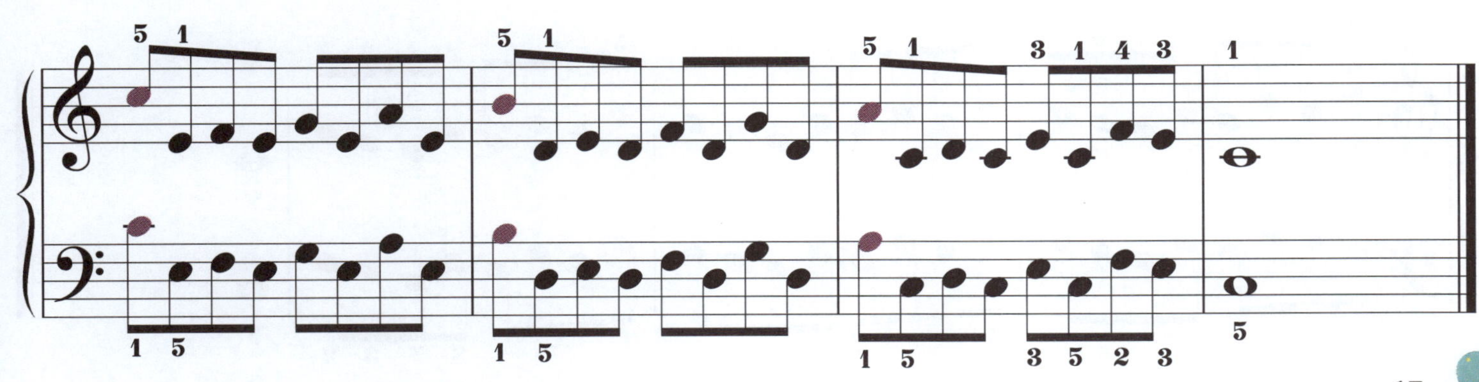

변형 2
변형 3
변형 4

플러스

① 상행할 때는 왼손의 1-3, 하행할 때는 오른손의 1-3 손가락 쓰기를 주의하세요.
② 3・4・5번 손가락의 유연성을 위해 아래와 같이 보충연습을 해 보세요.

변형
5
Simile ~

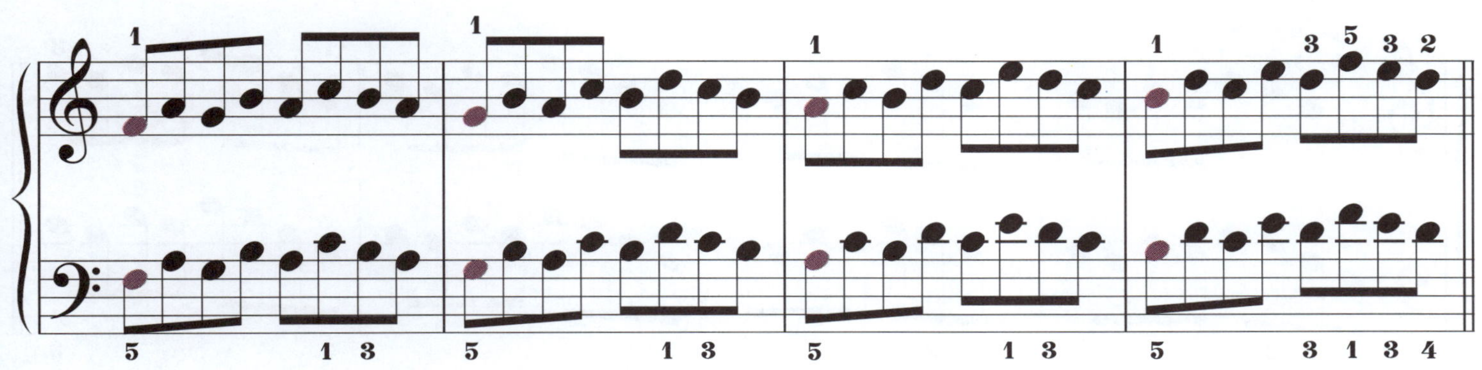

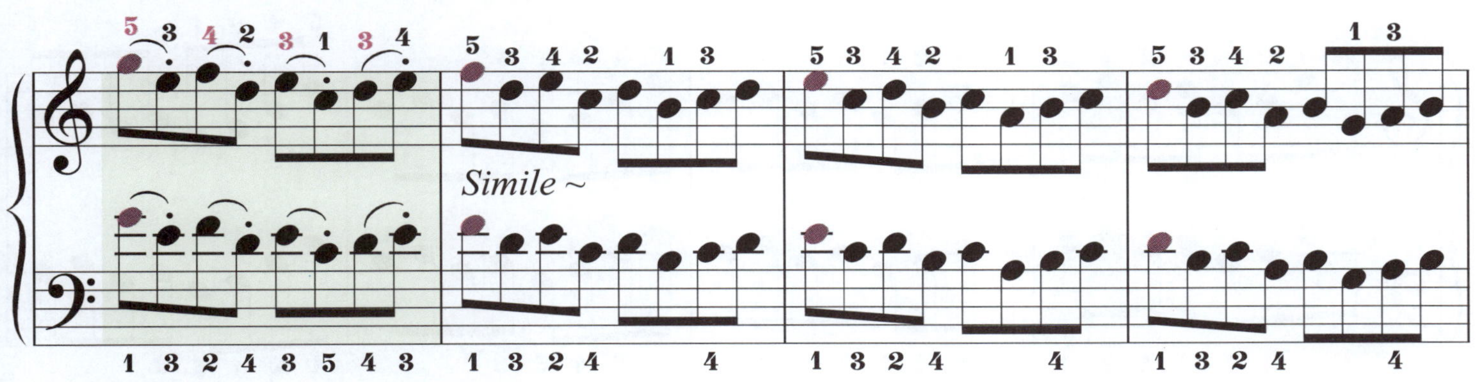

Simile ~

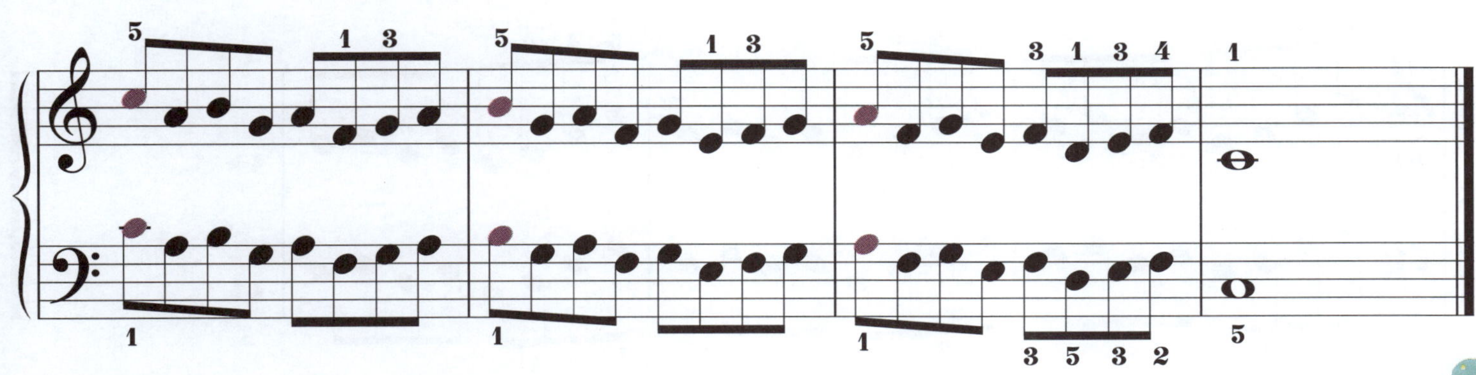

다섯 손가락의 자연스런 타건 연습

변형 2
변형 3
변형 4

① 3도 도약 진행에 주의하여 건반을 충분히 누르도록 하세요.

② 다섯손가락의 유연성을 위해 아래와 같이 보충연습을 해 보세요.

Ⓐ 3/4 Ⓑ 3/4

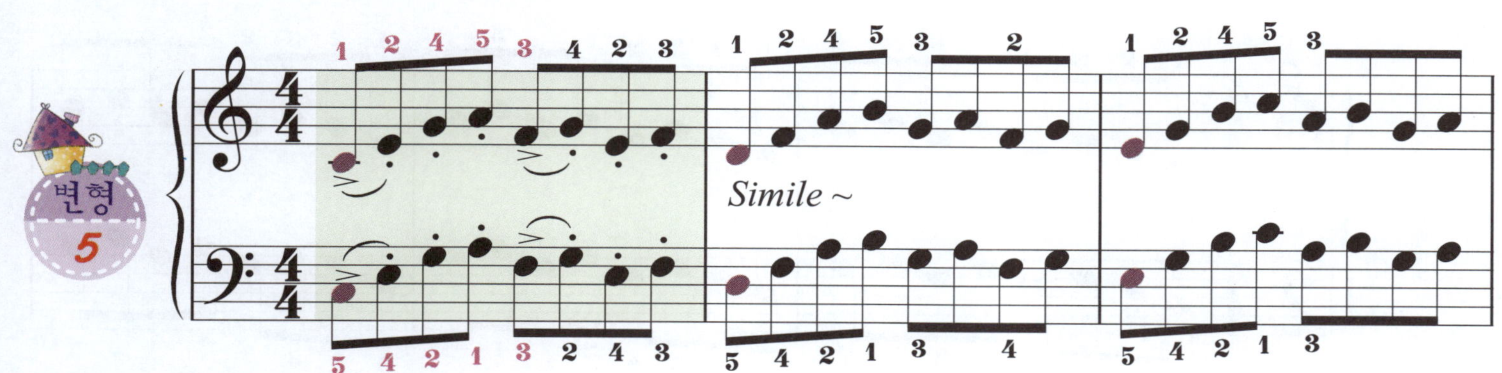

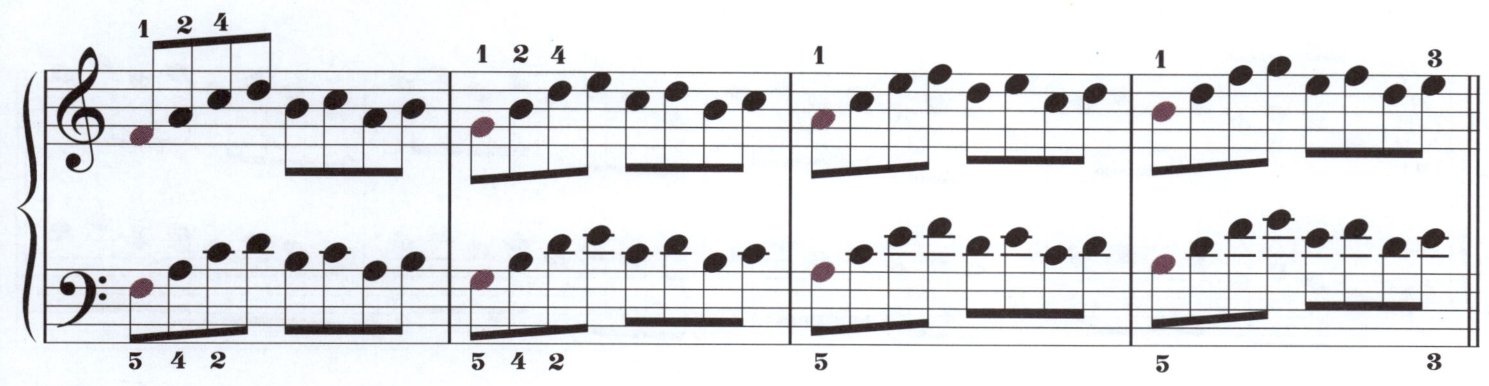

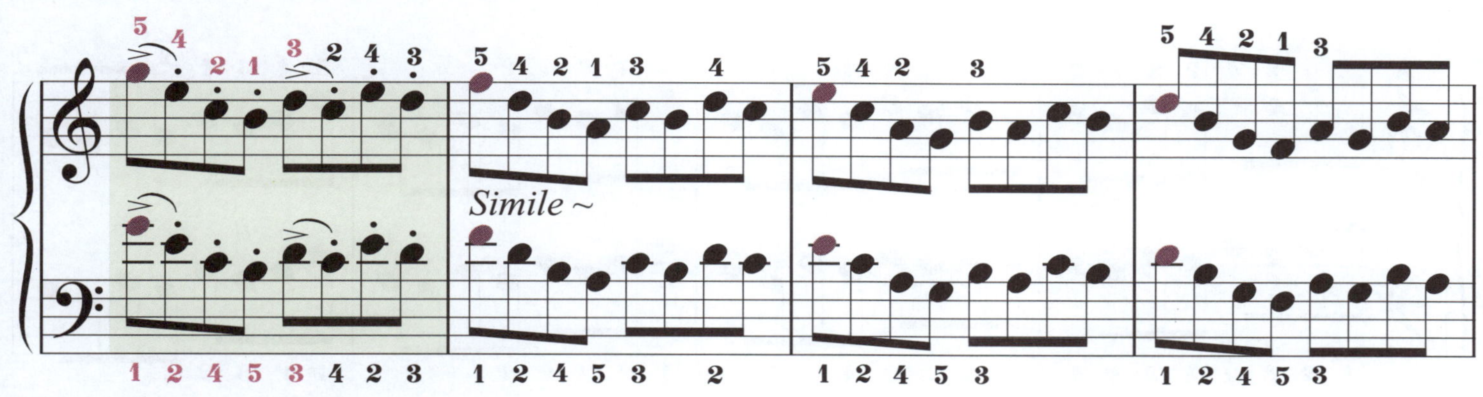

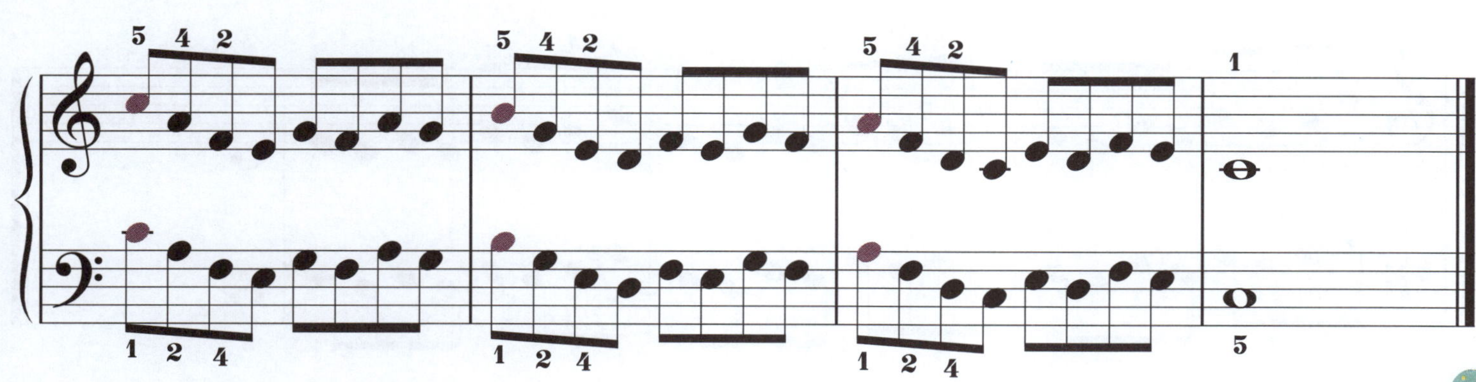

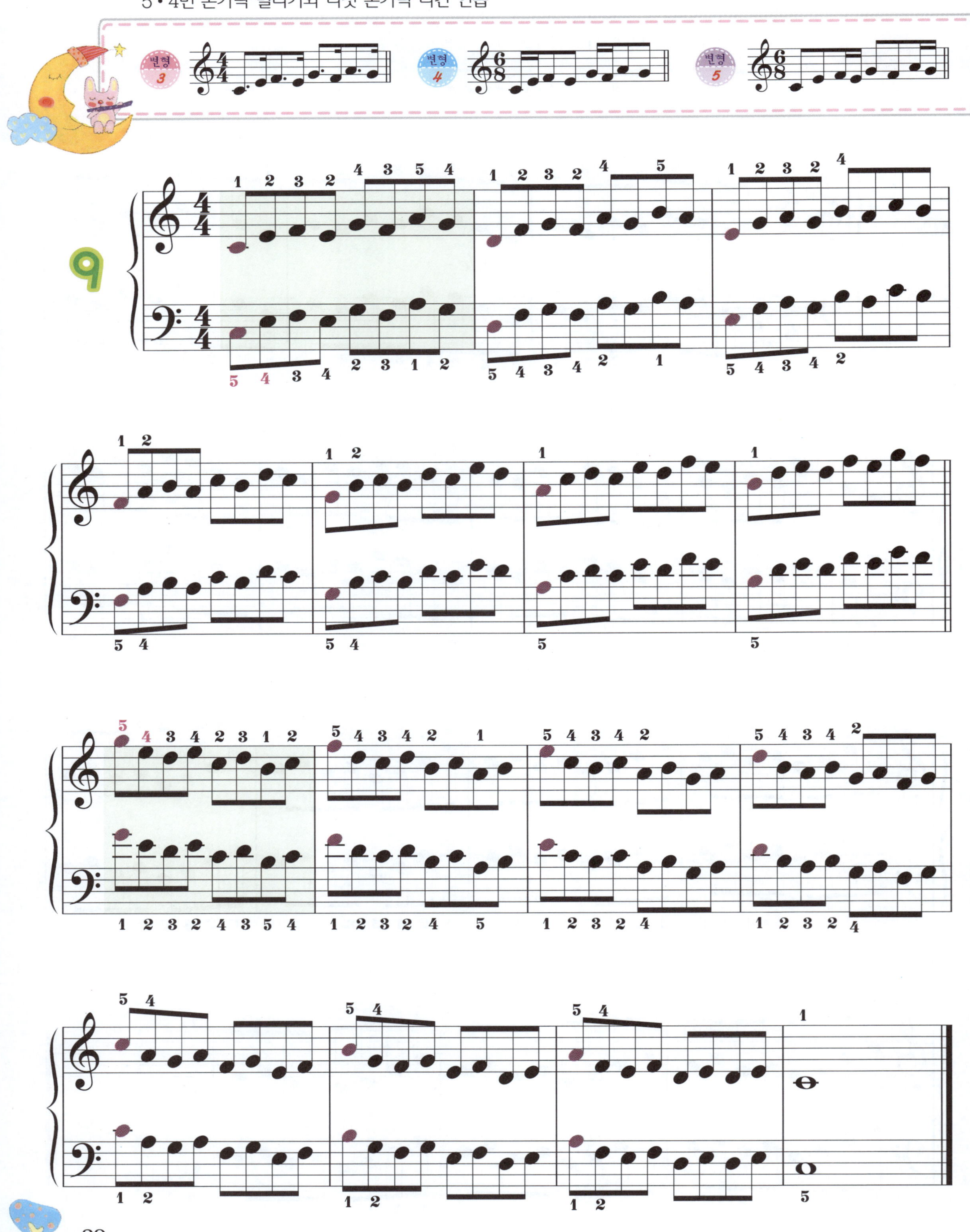

① 변형 ①, 변형 ②를 충분히 연습한 후에 변형 ③으로 들어 갑니다.

② 5-4를 벌릴 때 너무 힘이 들어가지 않도록 주의하세요.

③ 3·4번 손가락의 유연성을 위해 아래와 같이 보충연습을 해 보세요.

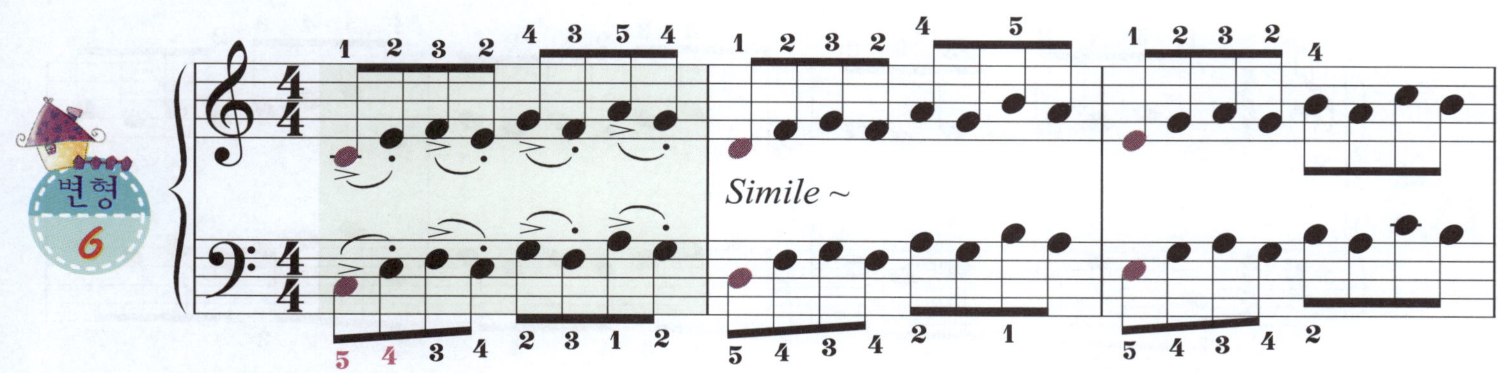

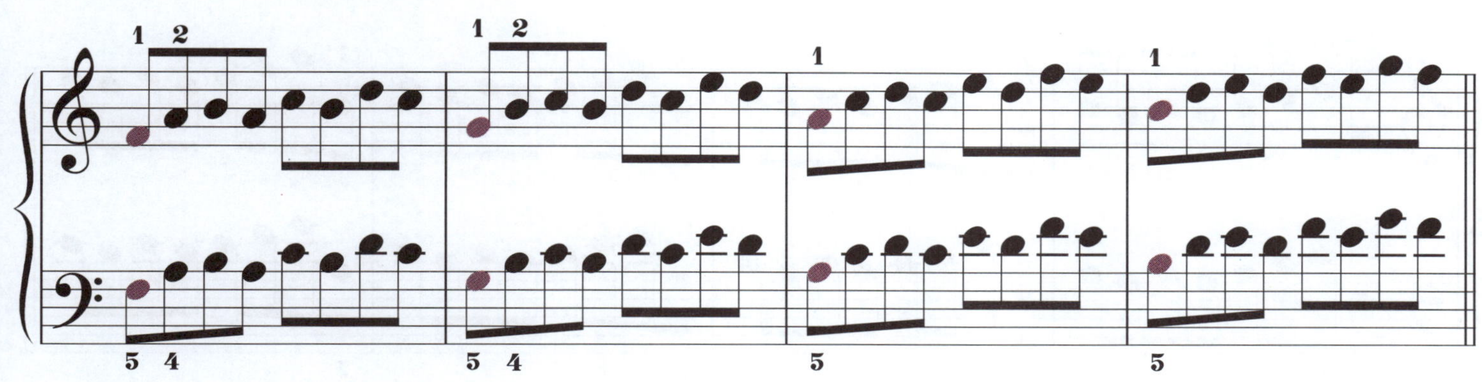

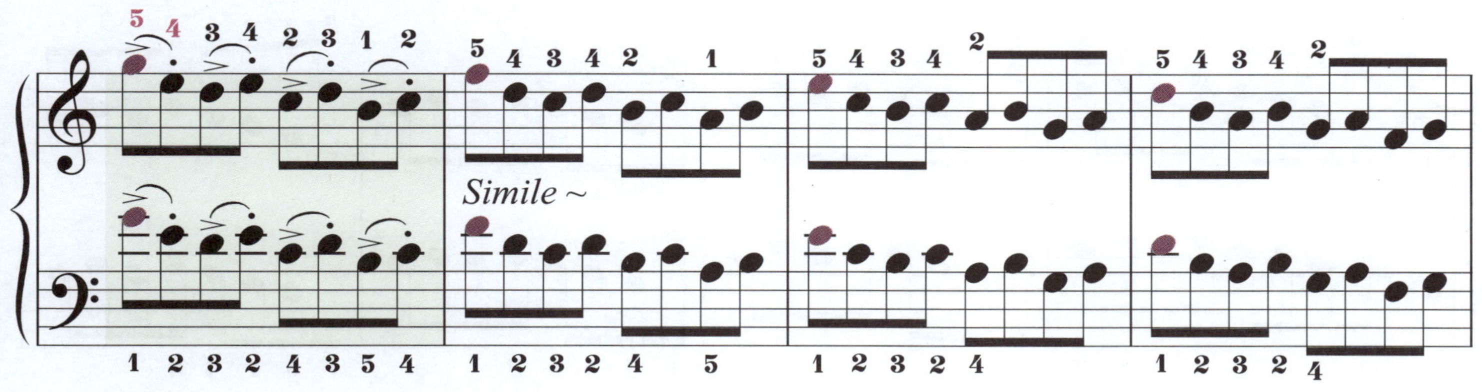

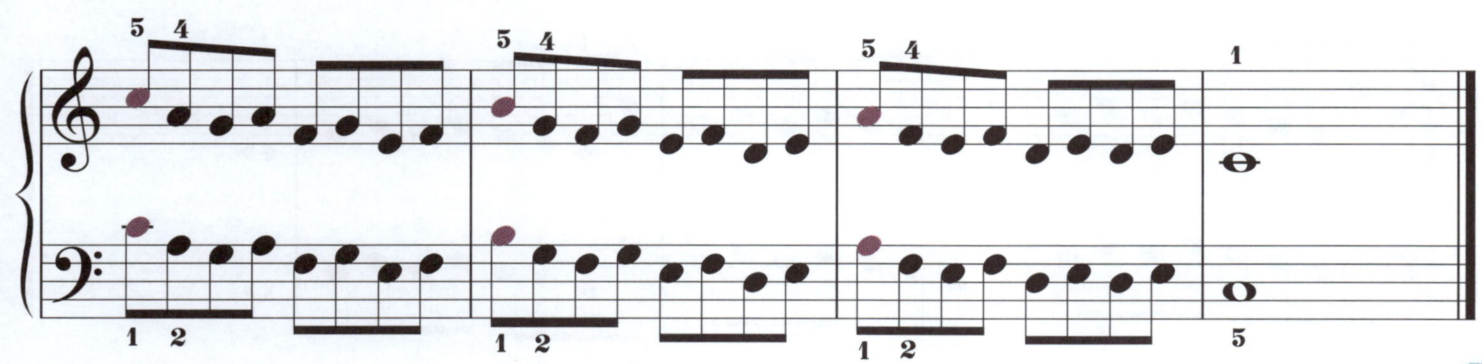

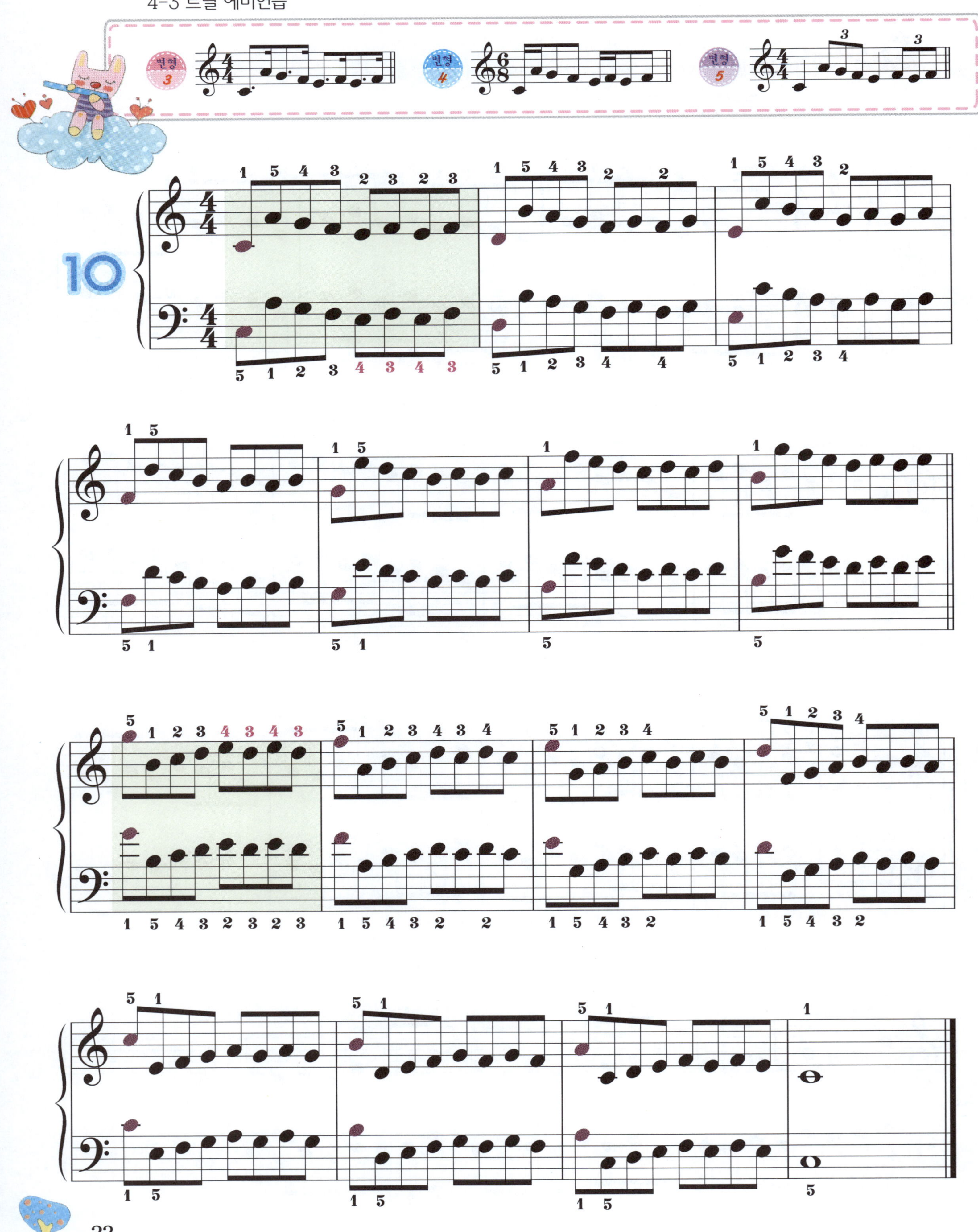
변형 3
변형 4
변형 5
10

① 상행, 하행할 때 4·3·2·3 번 손가락의 힘이 고르게 되도록 주의하세요.

② 각 음을 잘 정돈하여 치기 위해 아래와 같이 보충연습을 해 보세요.

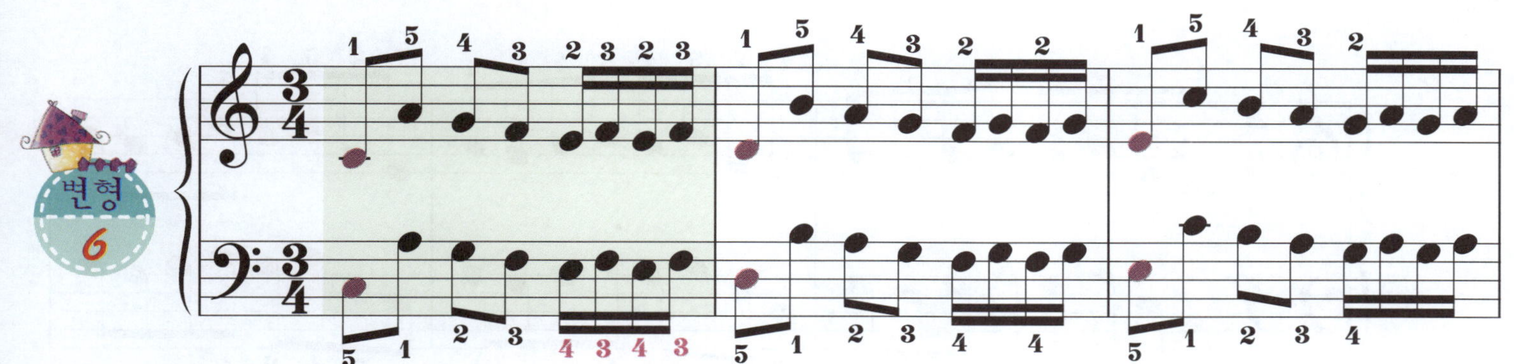

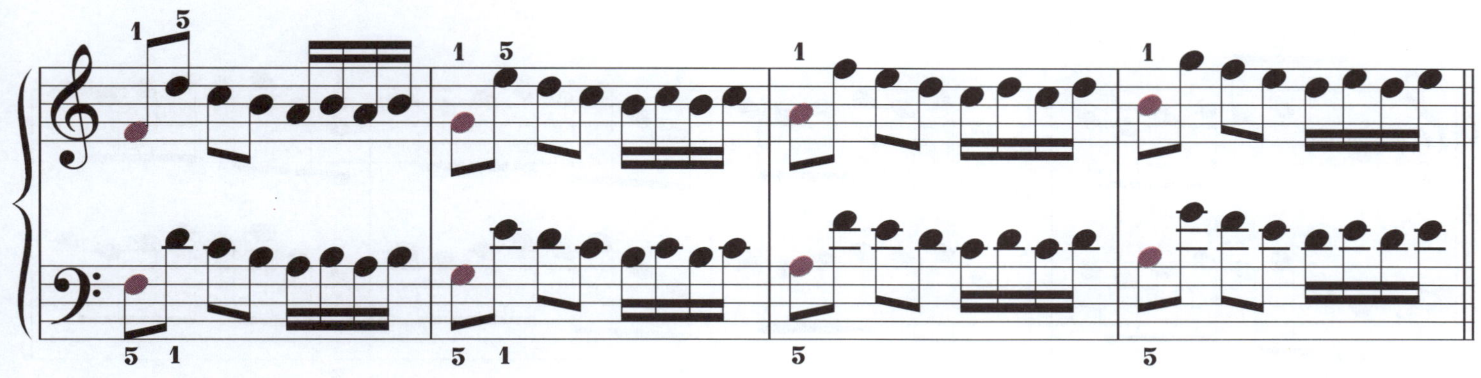

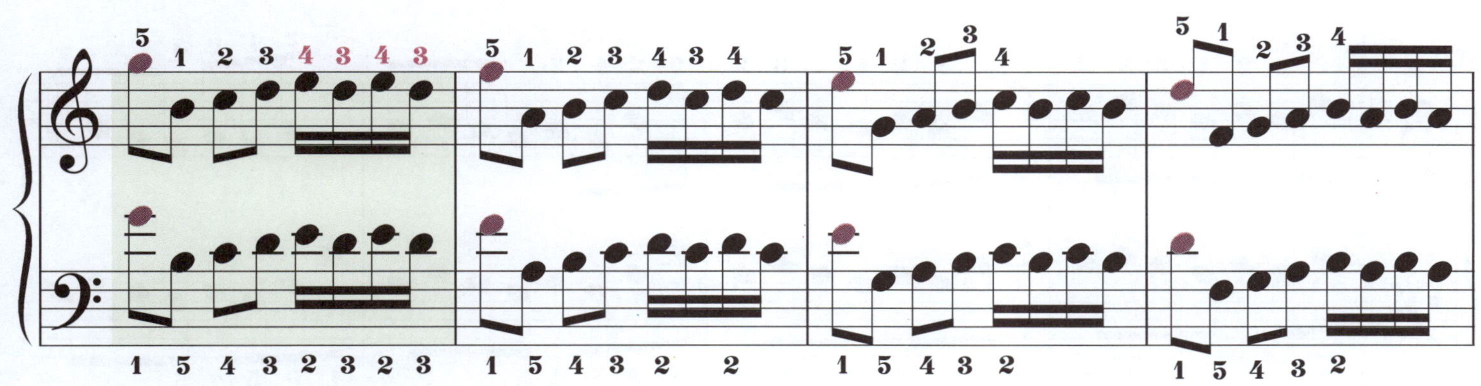

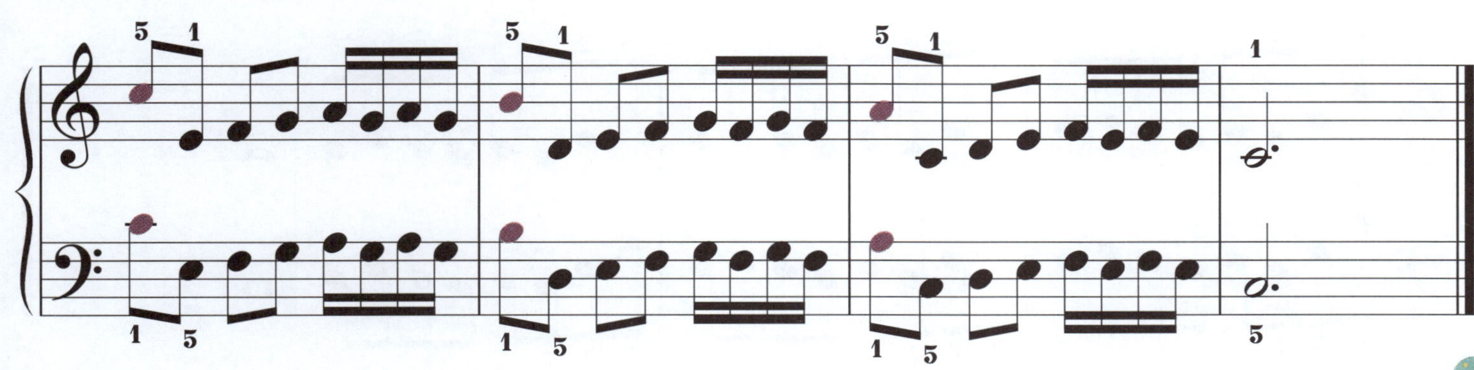

① 변형 ①, 변형 ②를 충분히 연습한 후에 변형 ③으로 들어 갑니다.

② 5-4의 리듬이 고르게 되도록 주의하세요.

③ 음이 흐트러지지 않도록 첫박에 악센트를 넣어서 치면 효과적 입니다.

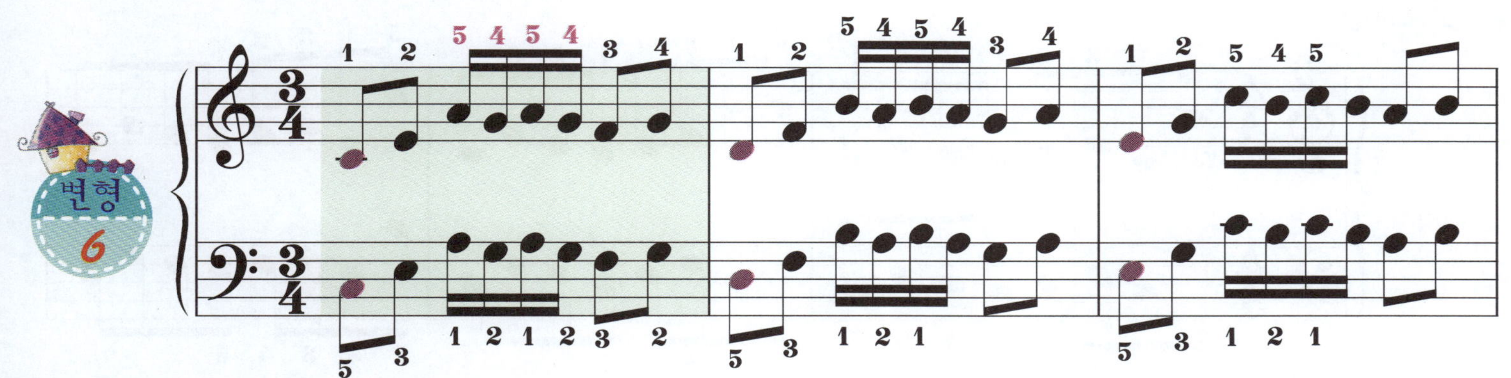

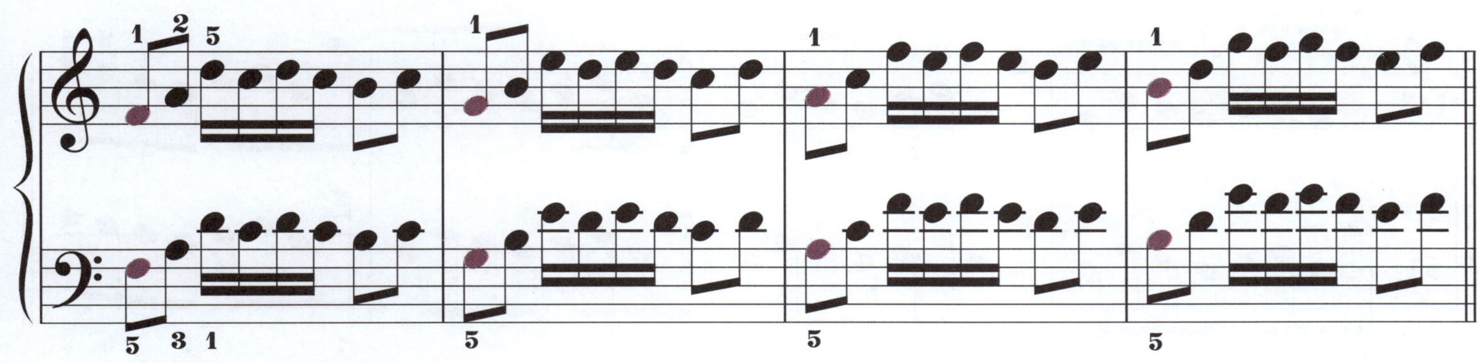

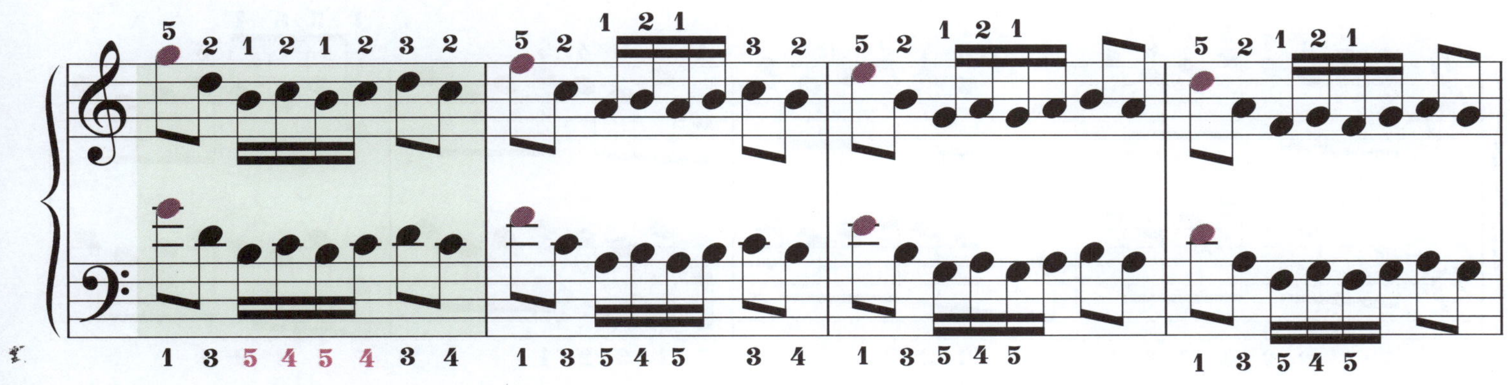

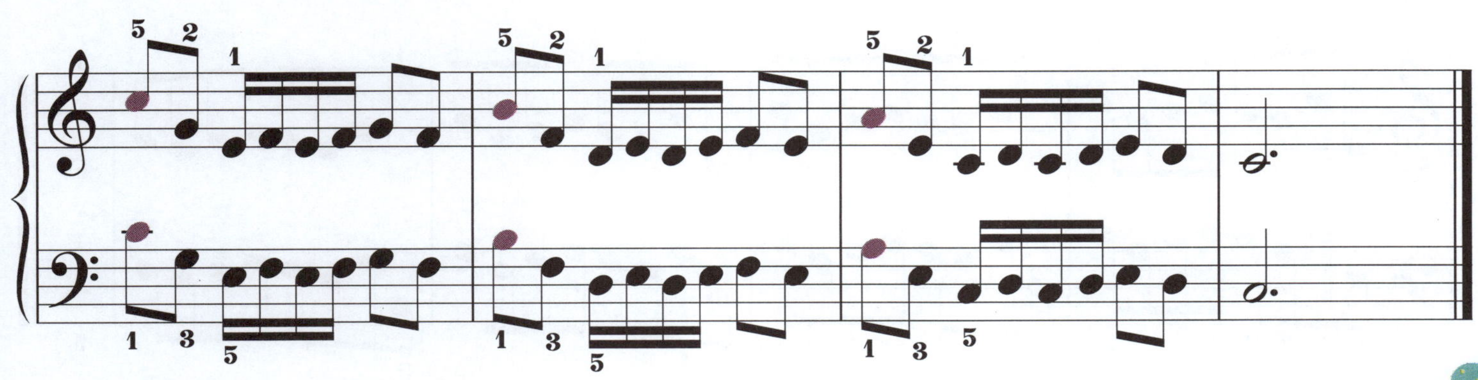

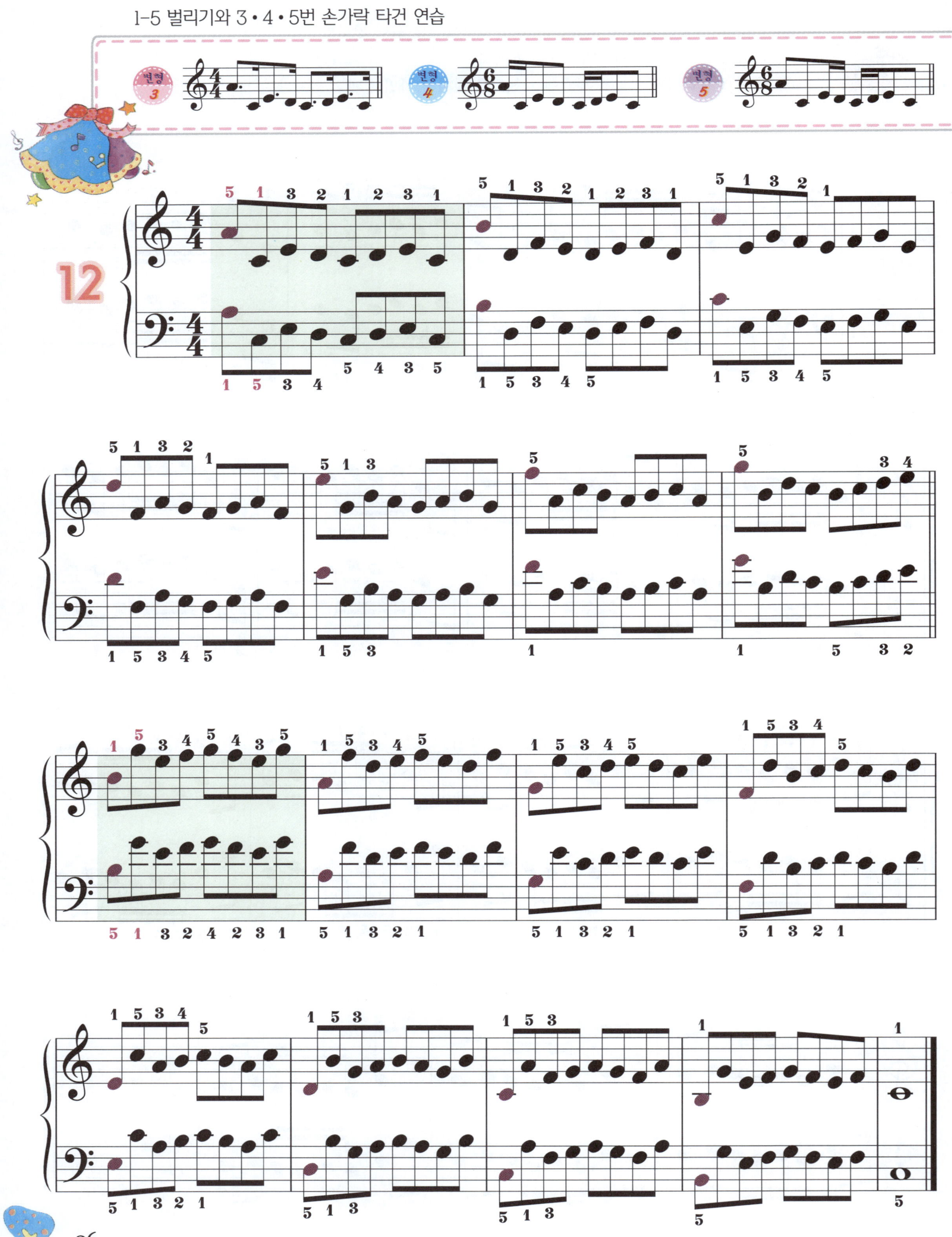

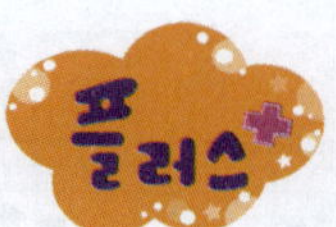

❶ 1-5의 6도, 7도 도약은 건반의 타건이 정확해야 합니다.

❷ 도약하는 음을 정확하게 치기 위해 아래와 같이 보충연습을 해 보세요.

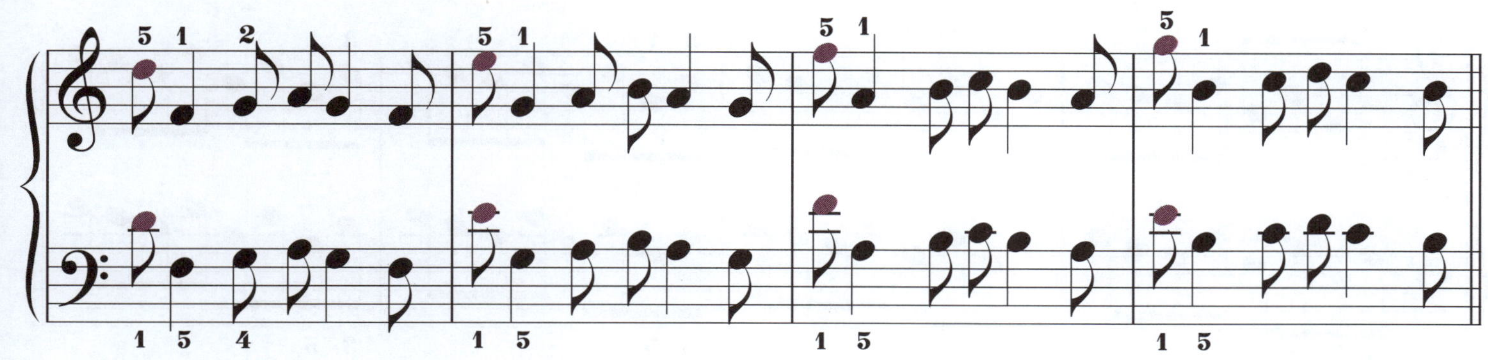

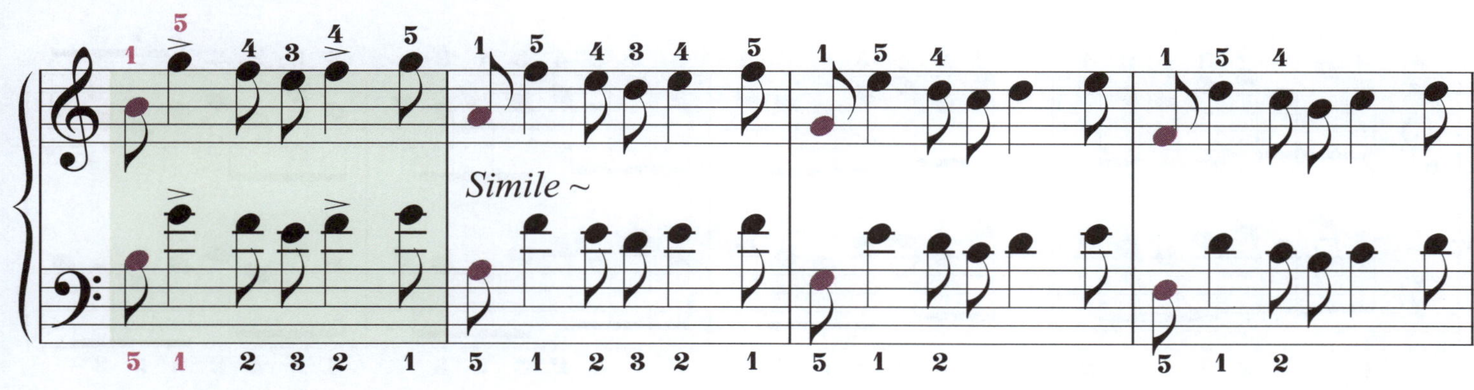

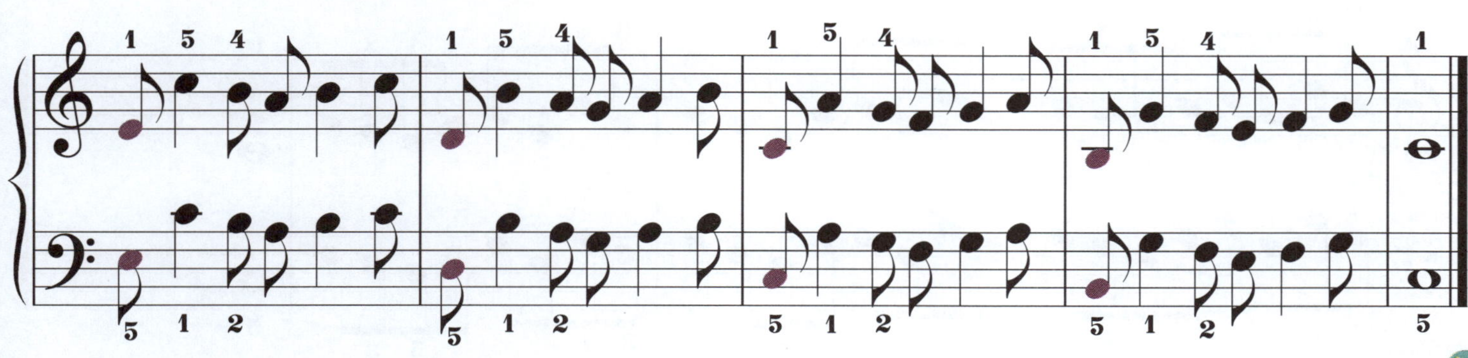

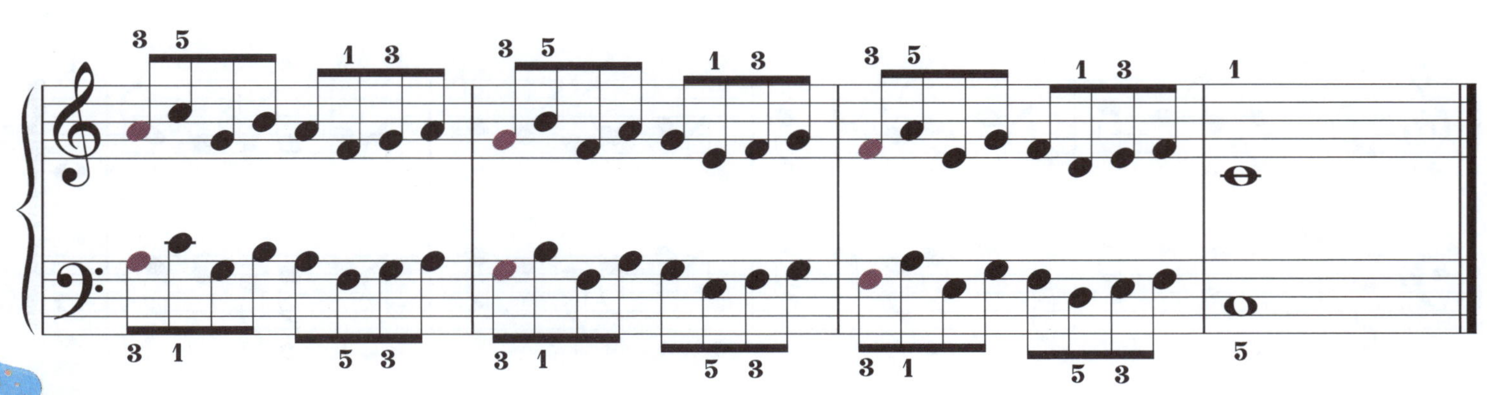

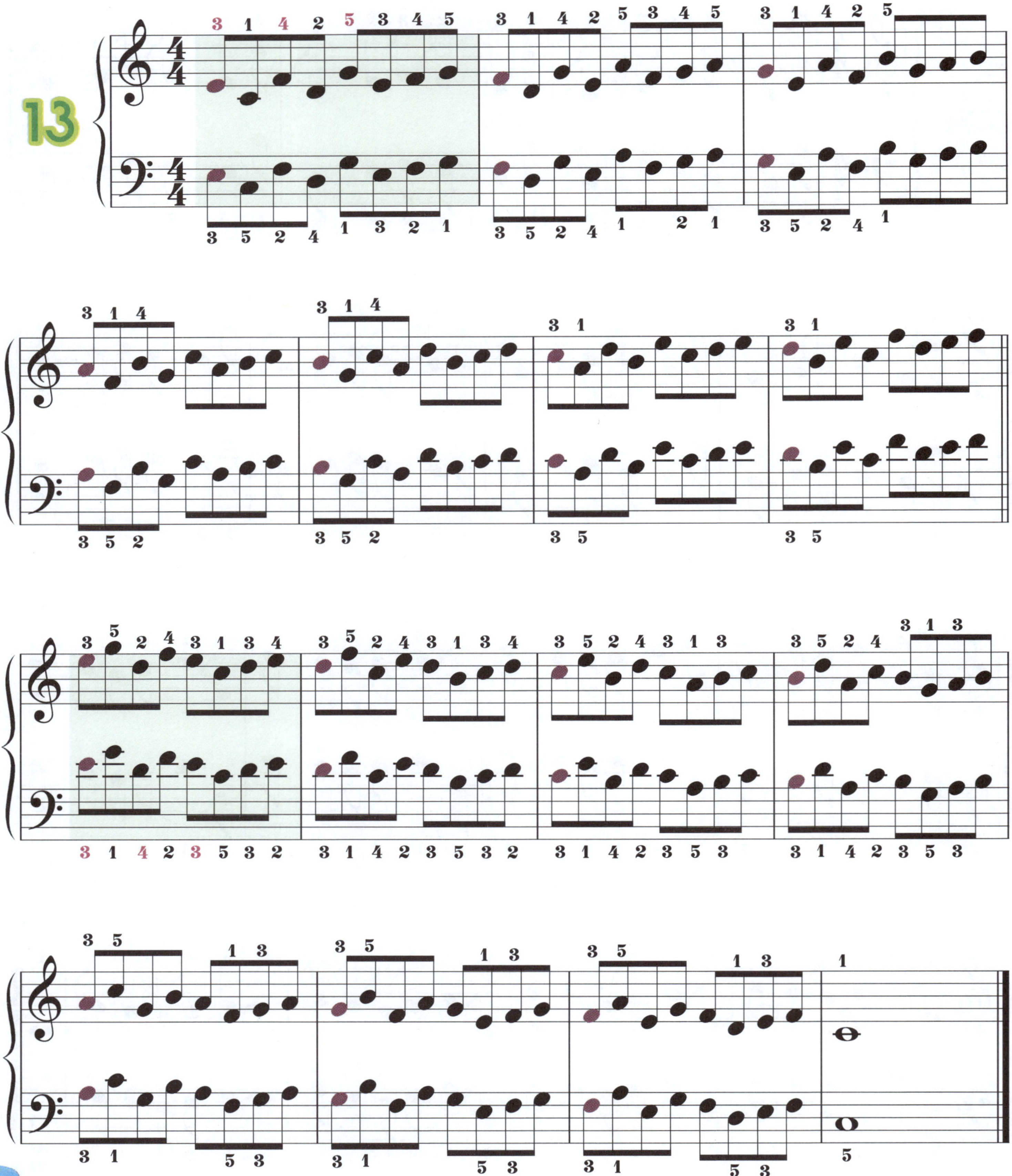

① 하행할 때 둘째 박의 진행이 오른손 3-1-3-4 , 왼손 3-5-3-2 임을 주의하세요.
② 변형②를 연습할 때 스타카토에 악센트 붙이는 연습을 충분히 하면 효과적입니다.

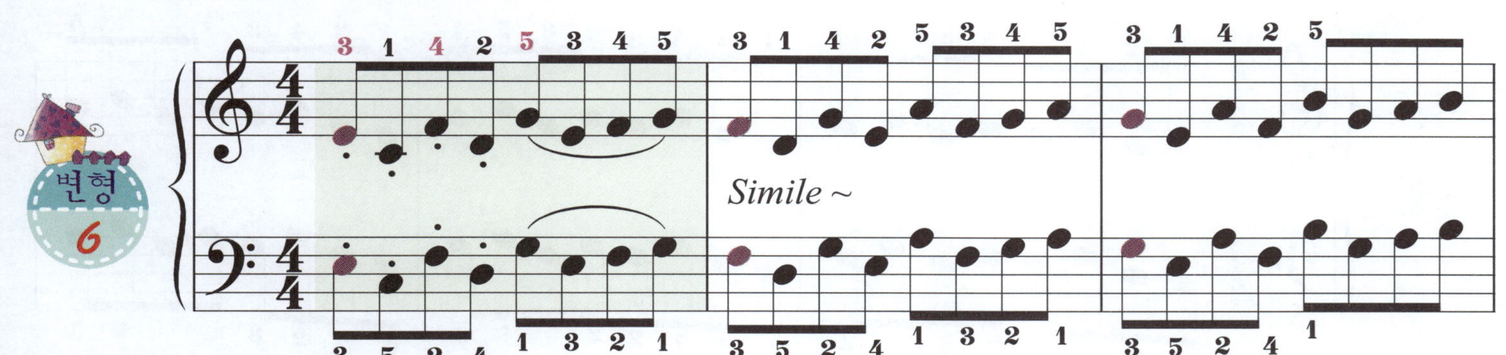

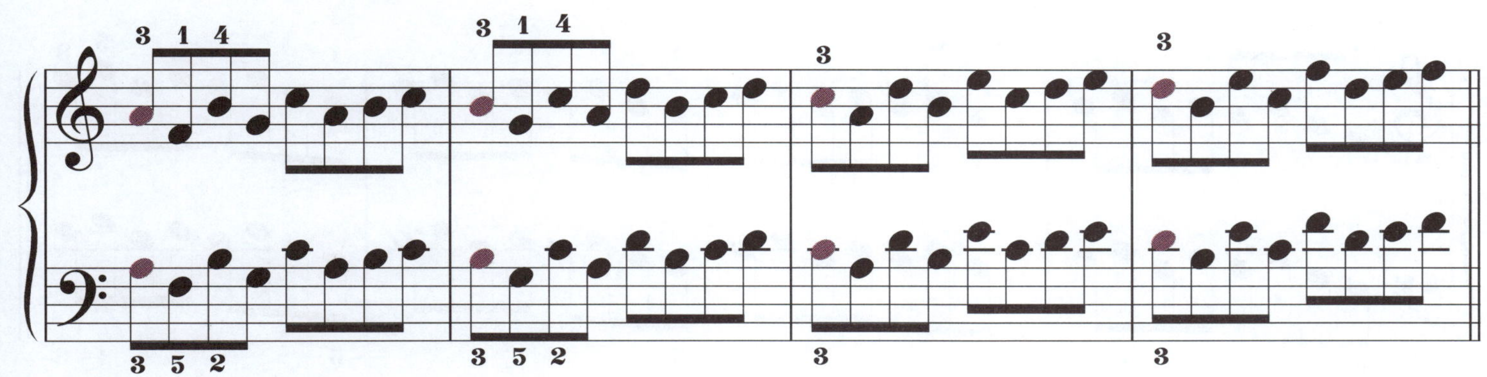

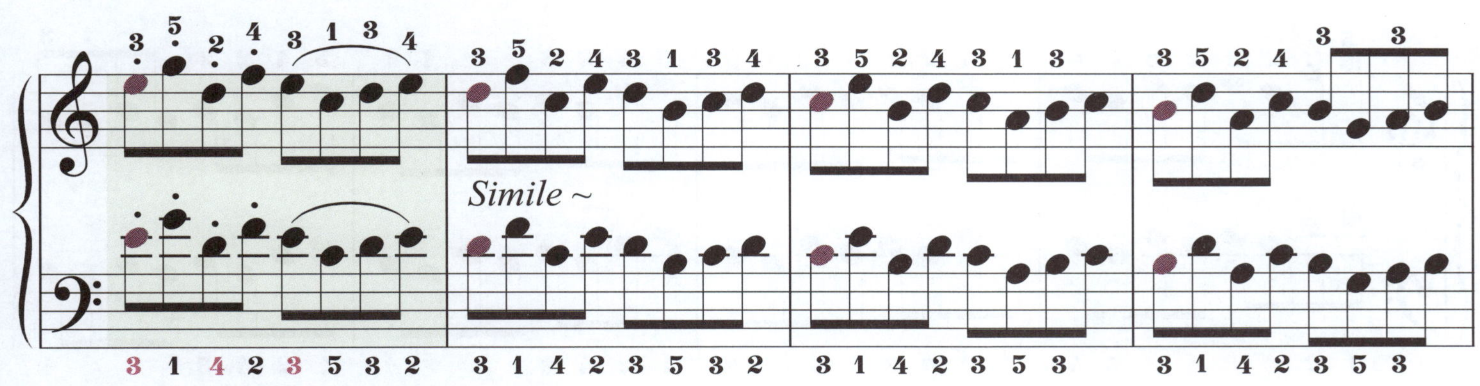

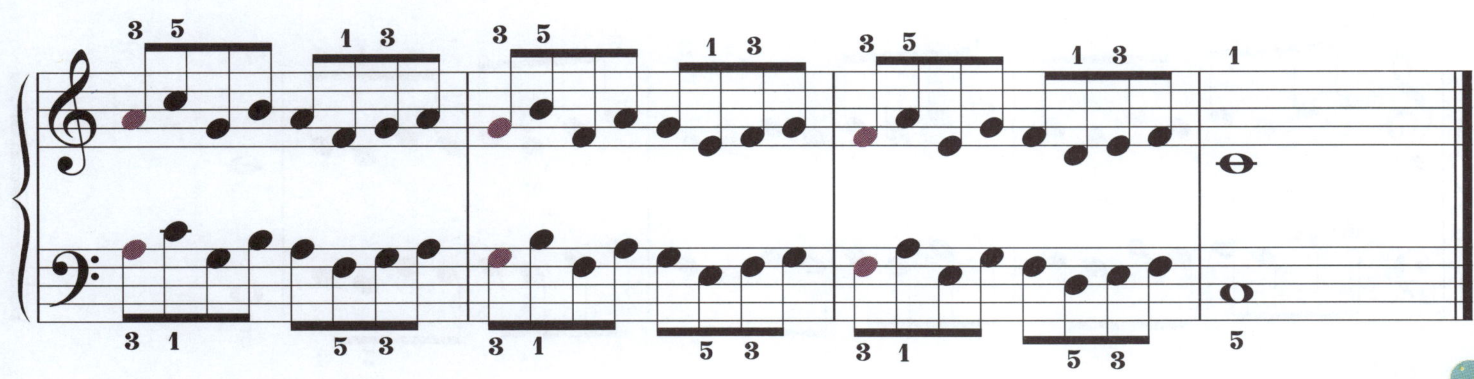

변형 3
변형 4
변형 5
14

① 4-3-4-3의 진행에서 약한 4번 손가락으로 인해 손목에 힘이 너무 들어가지 않도록 주의하세요.
② 변형②를 연습할 때 첫박에 악센트를 붙여 연습하면 효과적입니다.

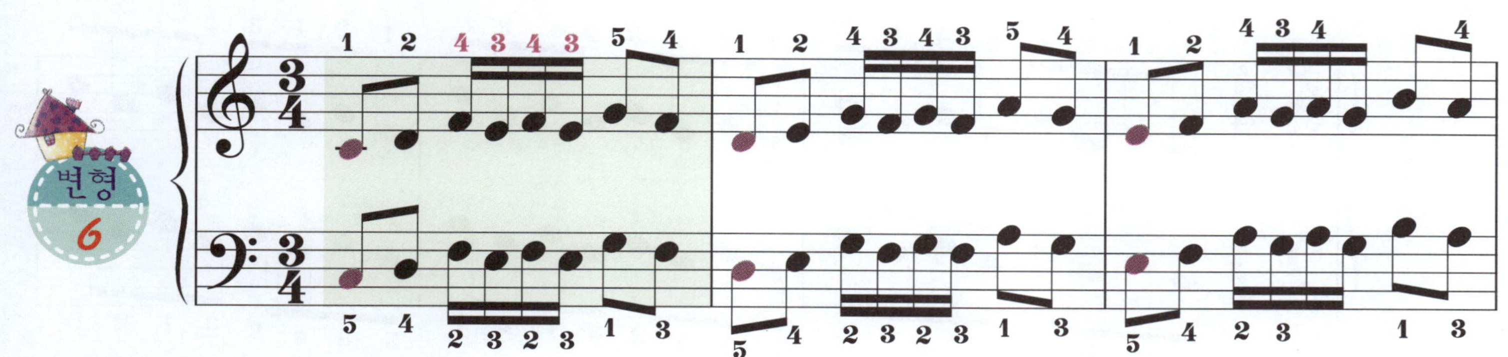

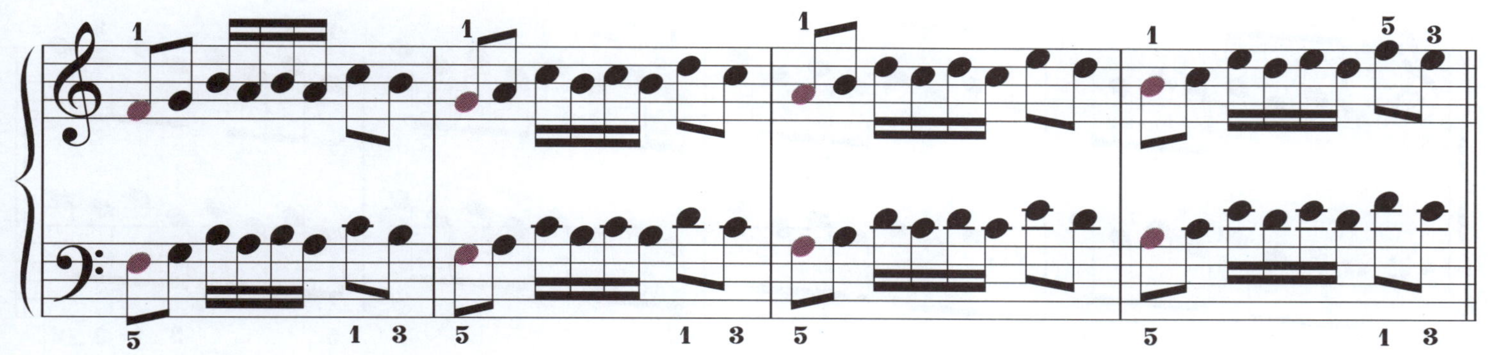

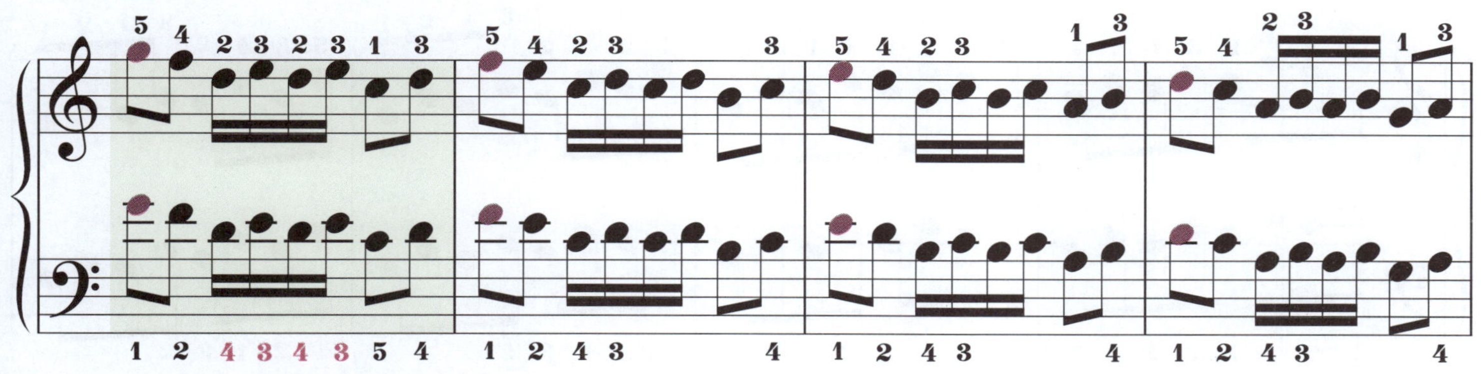

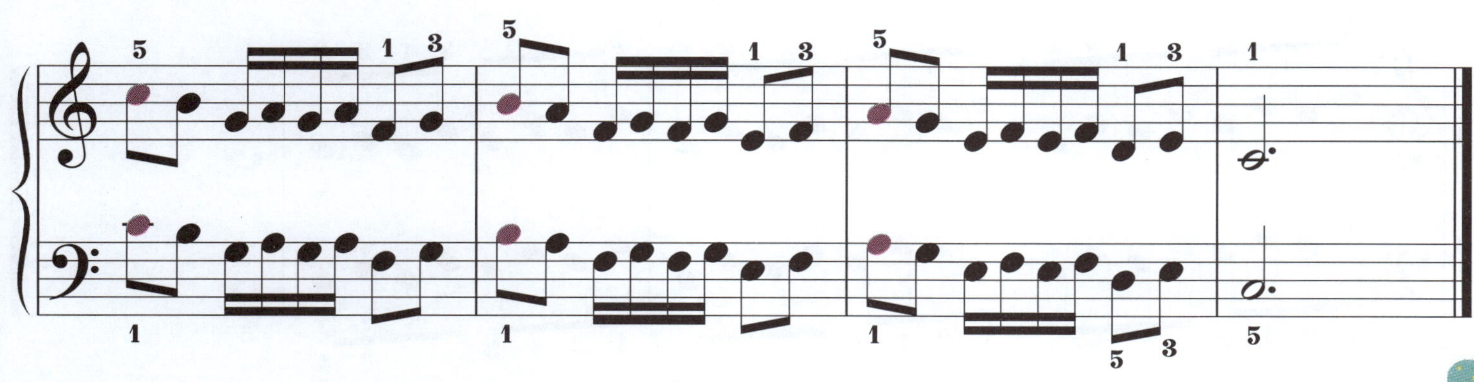

1-2-1 손가락 이동과 다섯 손가락 타건 연습
변형 3
변형 4
변형 5
15

① 양손 1-2-1 손가락 움직임에 주의합시다.

② 슬러와 스타카토를 넣어 느리게 연습한 후 스타카토 없이 빠르게 연습하면 효과적입니다.

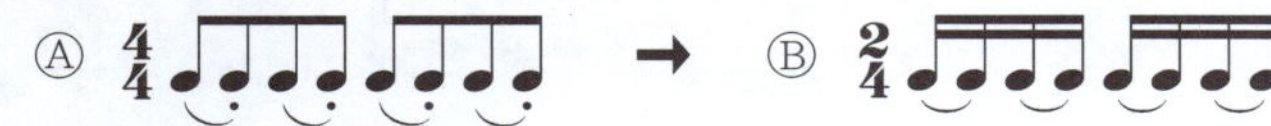

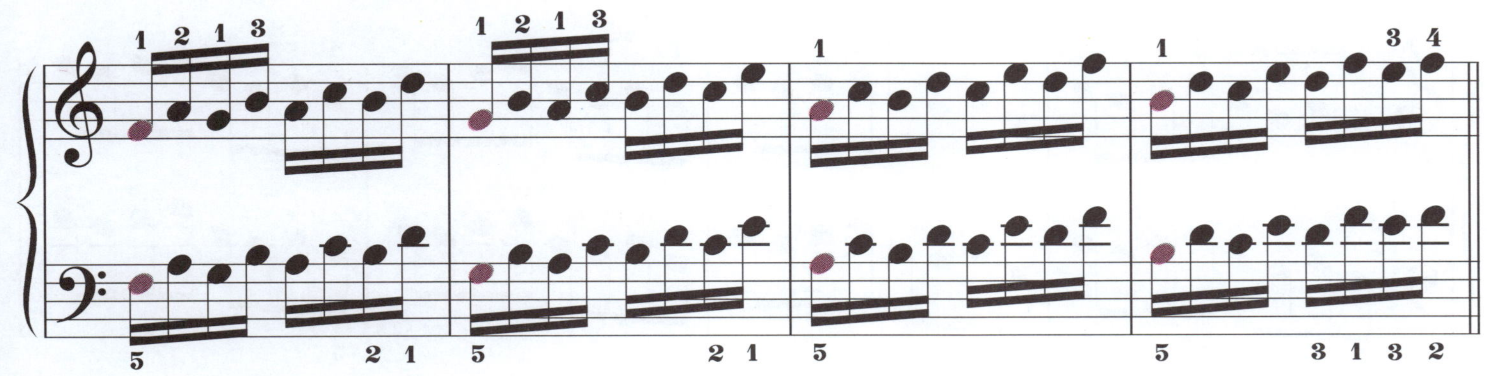

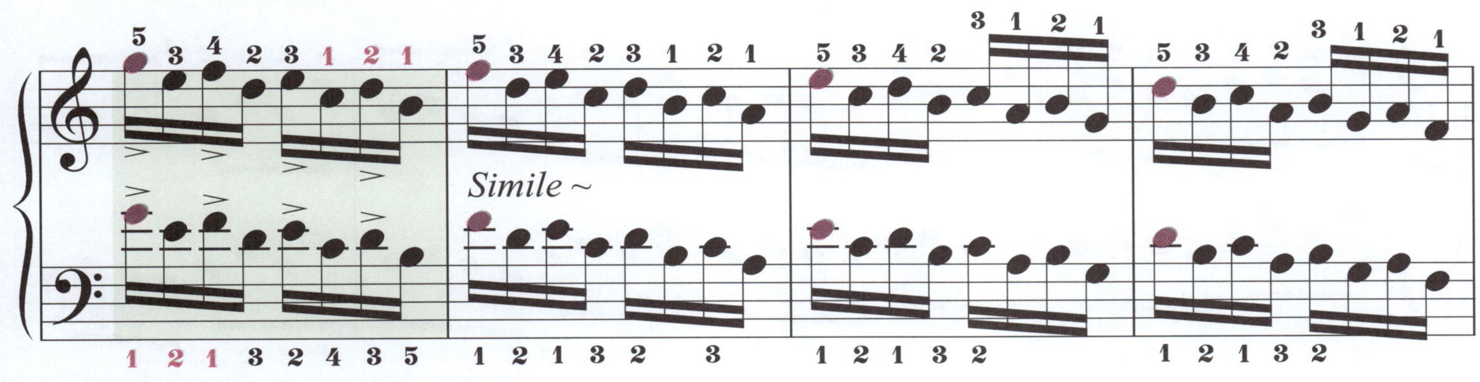

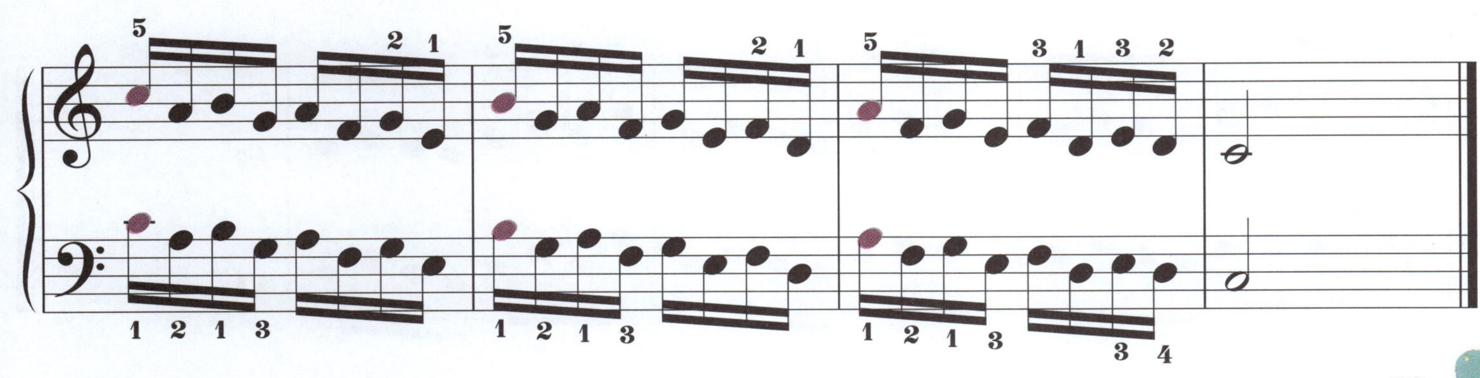

변형 3
변형 4
변형 5
16

❶ 상행할 때 오른손 3-5의 도약은 손에 무리한 힘이 들어가지 않도록 3번을 치면서 손목을 이동하여 5번을 준비해야 합니다.

❷ 3·4·5번 손가락의 유연성을 위해 아래와 같이 보충연습을 해보세요.

Ⓐ  Ⓑ 

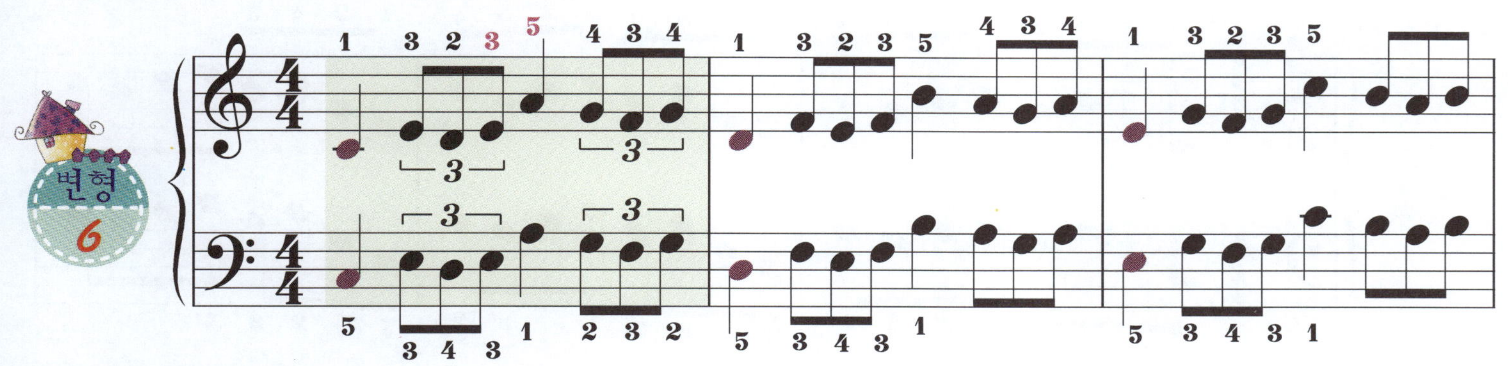

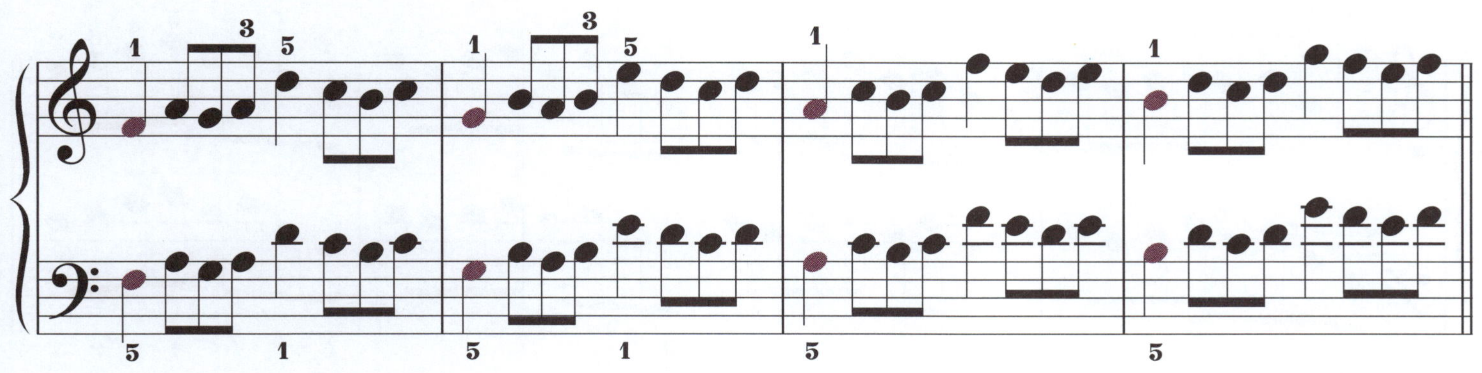

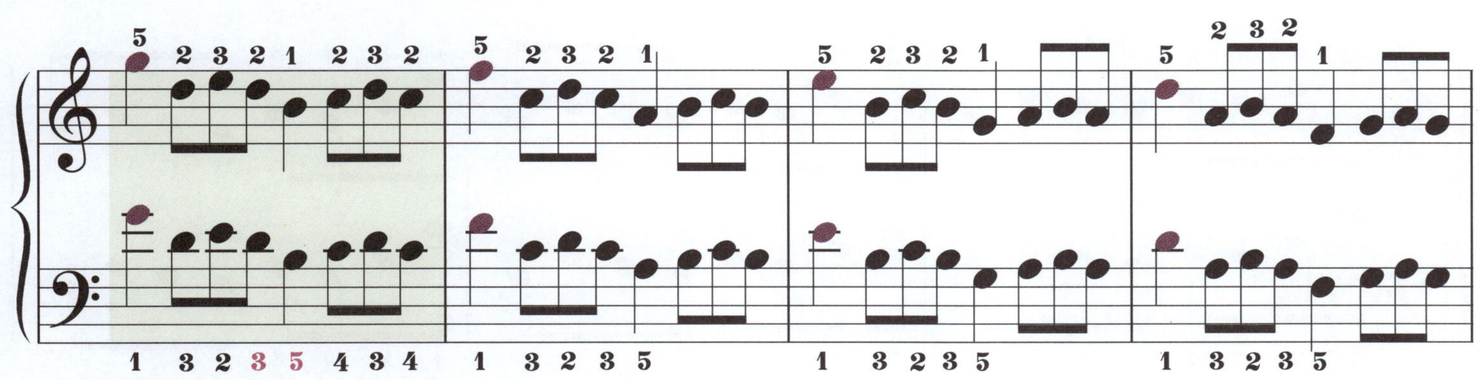

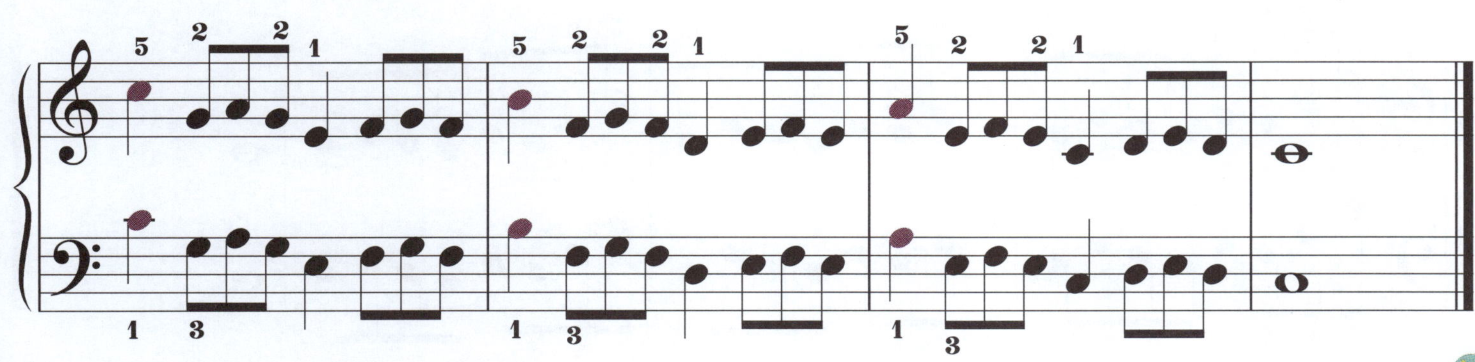

손가락을 벌려 타건하는 연습
변형 3
변형 4
변형 5
17
36

① 3도, 4도로 도약할 때 정확한 손가락의 움직임과 함께 일정한 빠르기가 유지 되어야 합니다.

② 3·4·5번 손가락의 고른 소리를 내기 위해 아래와 같이 보충연습을 해 보세요.

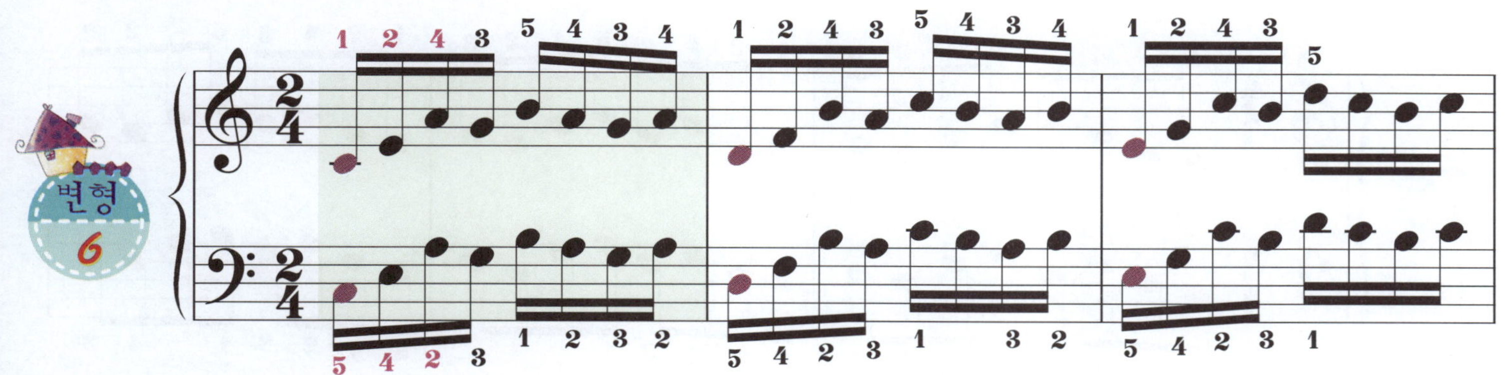

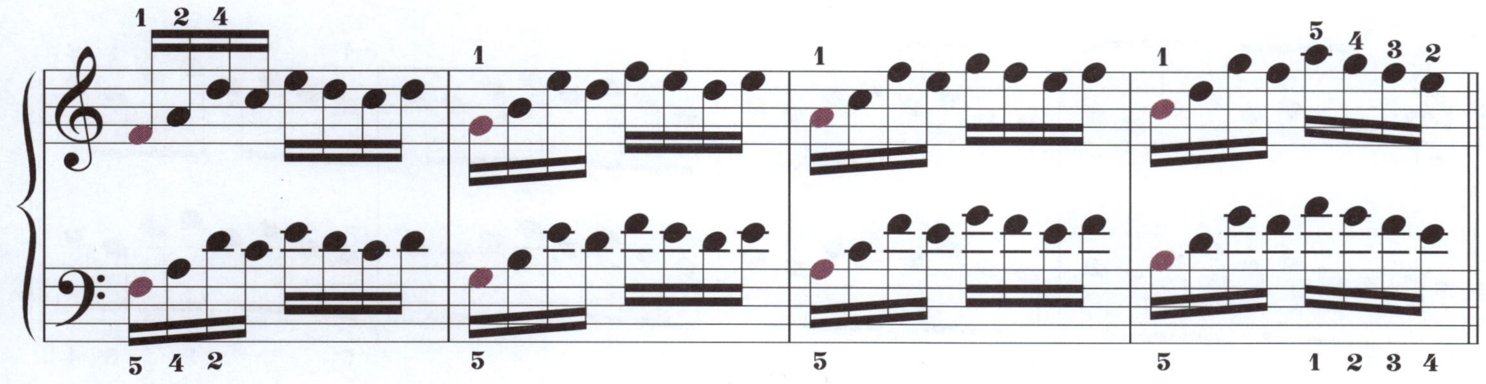

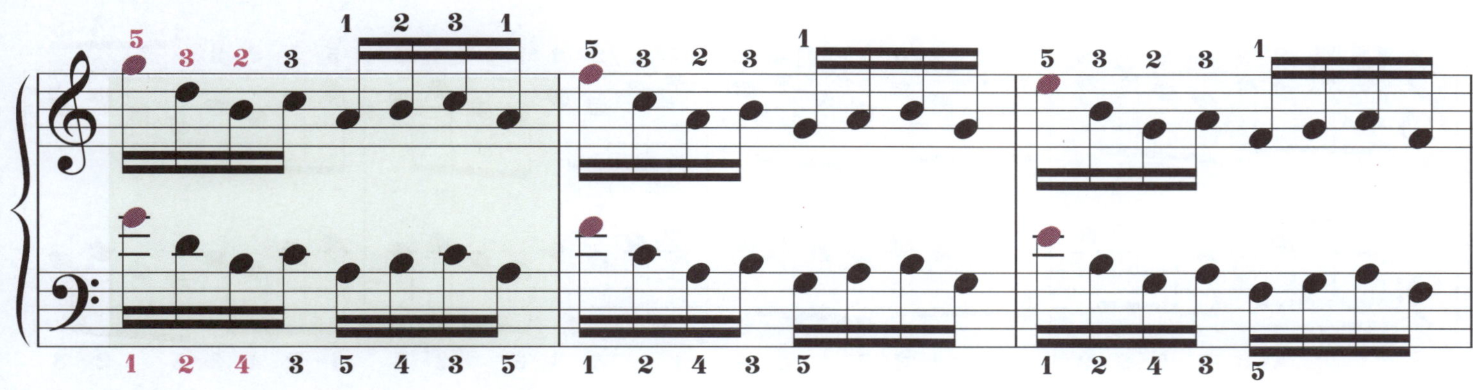

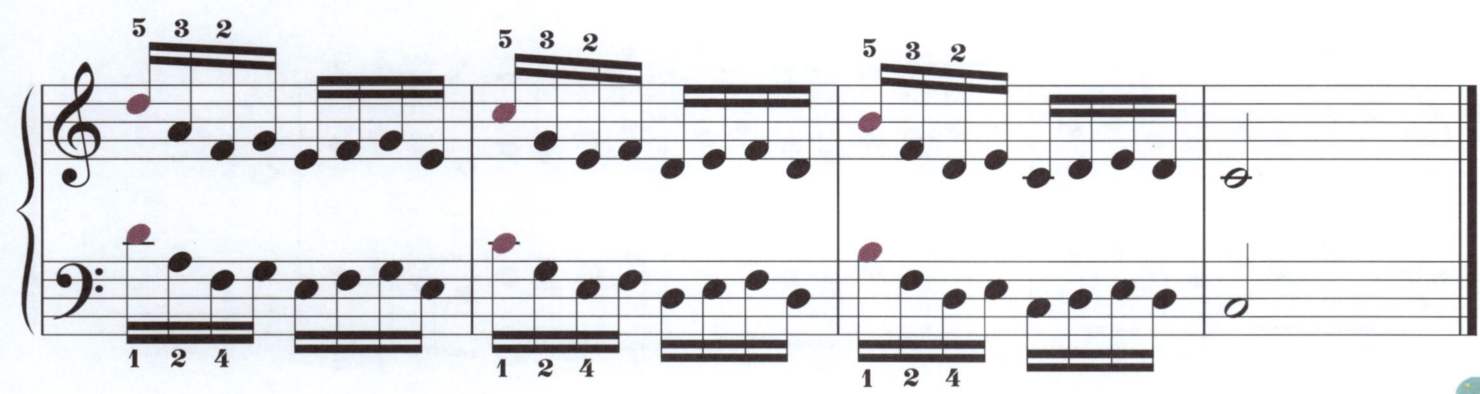

변형 3
변형 4
변형 5
18

① 마디의 끝에 두 음이 다음 마디에서는 같은 음이지만 손가락이 바뀌는 것에 주의합시다.
한 마디를 끝에서 부터 2-3-1-2-4-3-5-4 로 바꾸어 연습하면 효과적입니다.

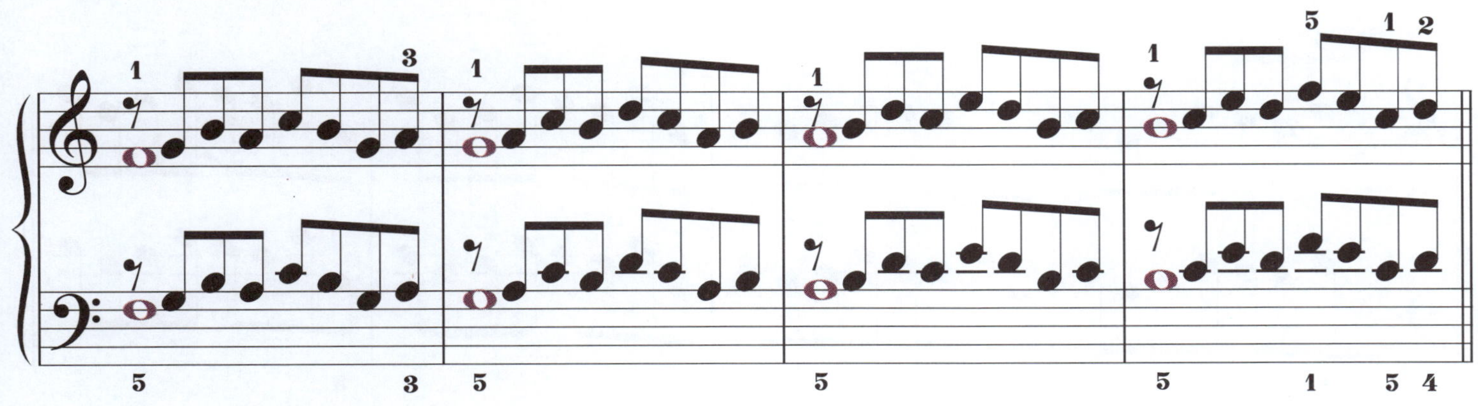

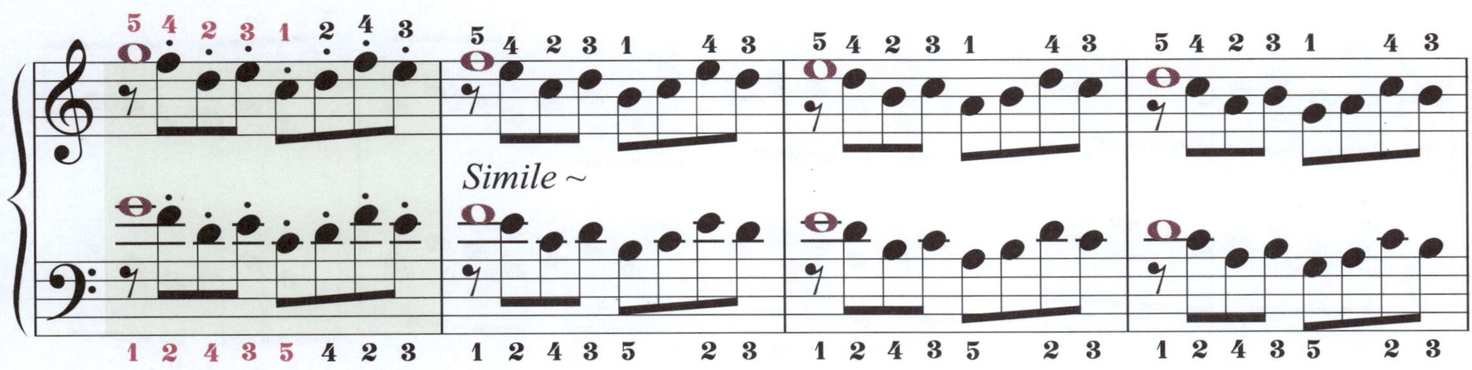

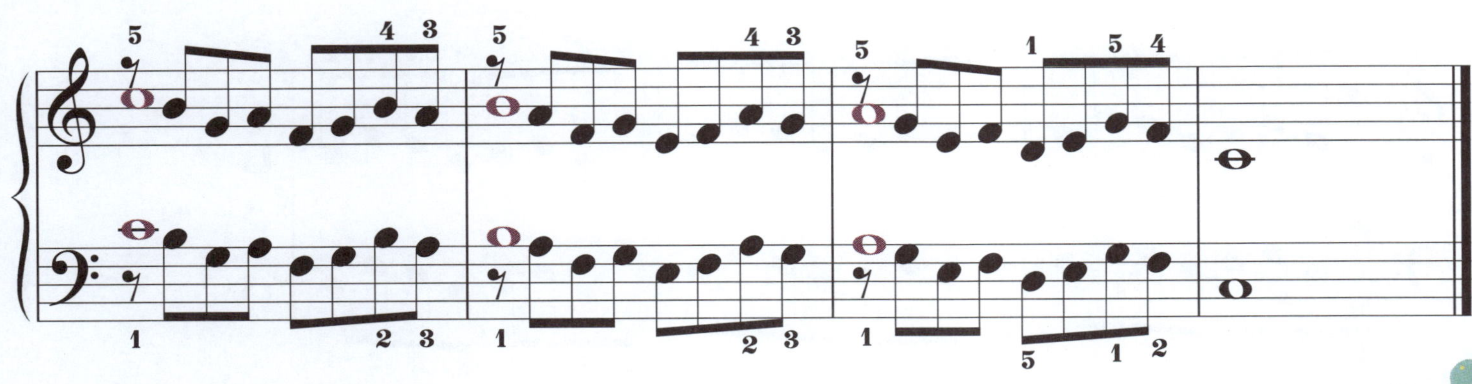

다섯 손가락의 자연스런 타건 연습
변형 3
변형 4
변형 5
19
40

① 양손이 1-5, 5-1로 6도 도약할 때 박자를 정확히 지켜서 타건해야 합니다.
② 손목의 유연성을 위해 아래 방법으로도 연습해 보세요 .

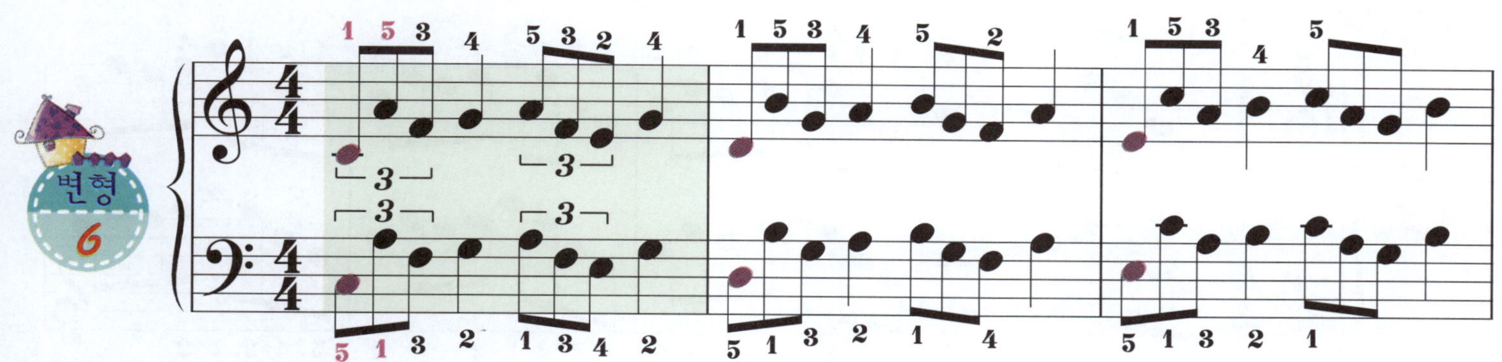

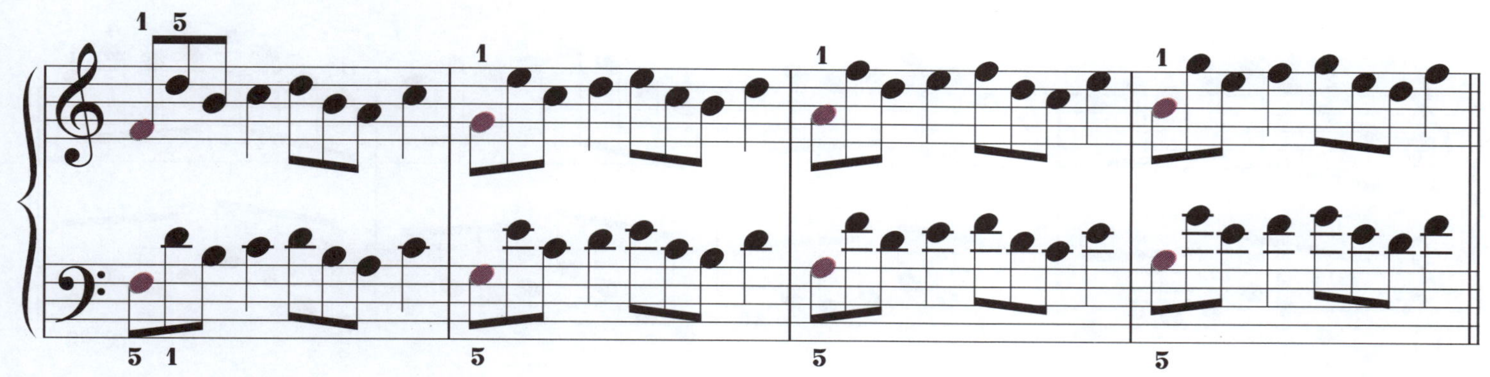

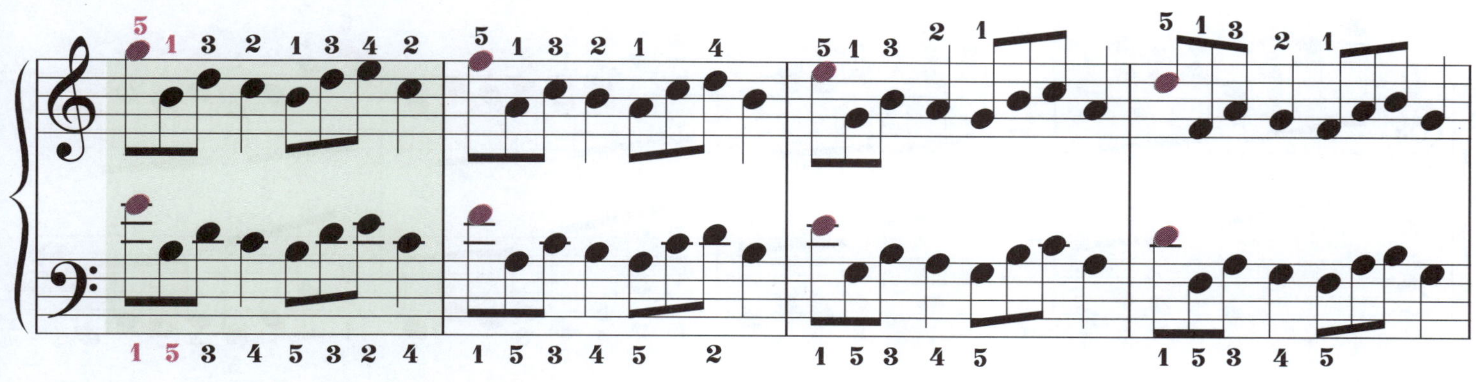

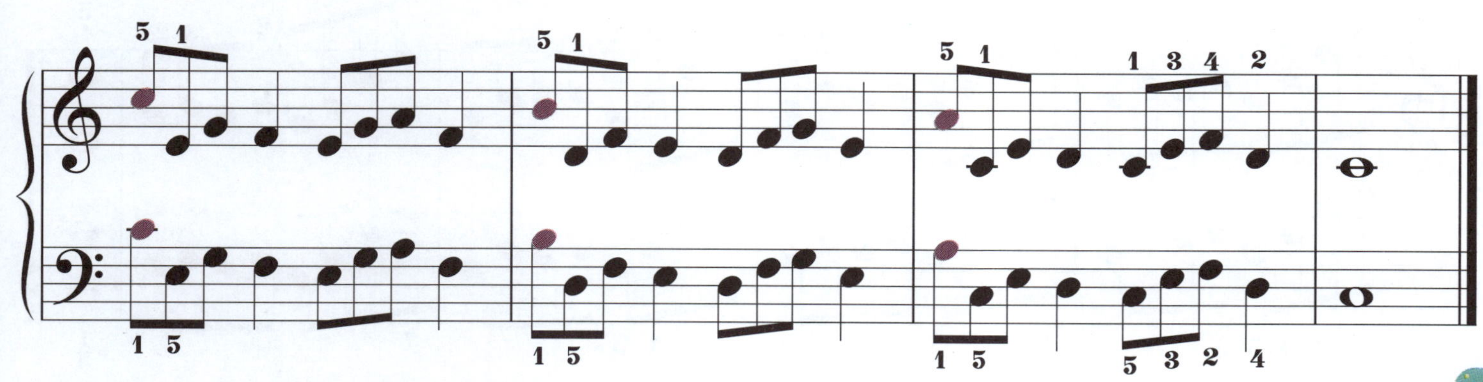

1-2-4-5를 벌려 아르페지오 예비연습

변형 3
변형 4
변형 5
20

① 아르페지오는 음이 진행하는 방향으로 손목과 팔을 움직이면서 치면 수월해집니다.

② ─(테누토) : 음을 지속하라는 뜻. 각 음을 꼭꼭 눌러 테누토로 연습하면 효과적입니다.

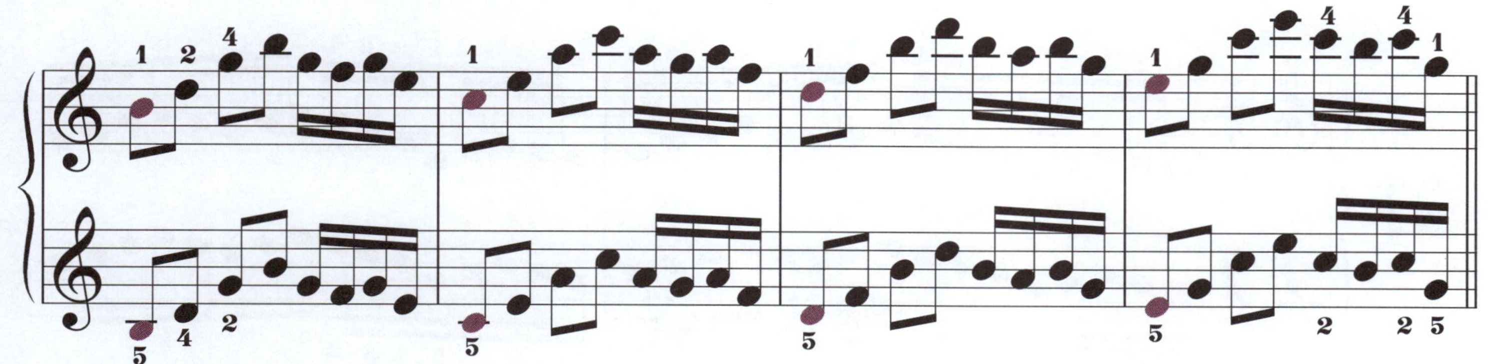

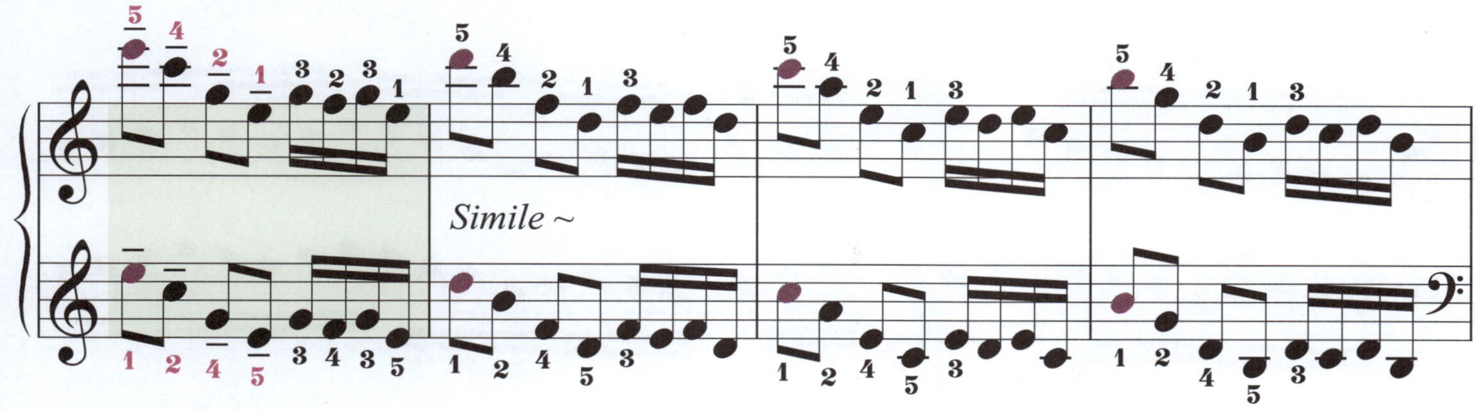

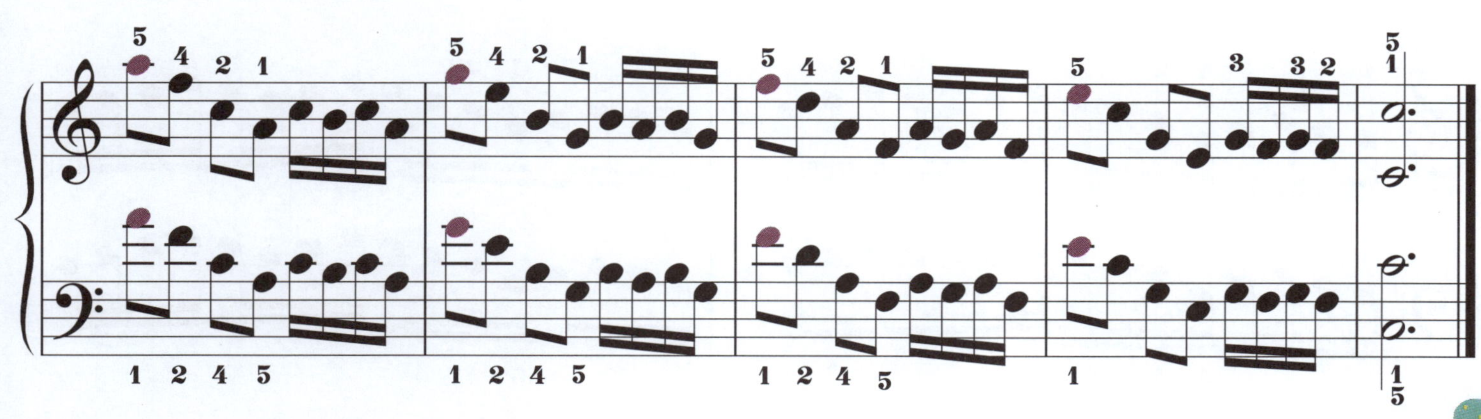

▶ Ⓐ, Ⓑ를 함께 연습하면 효과적입니다.

21

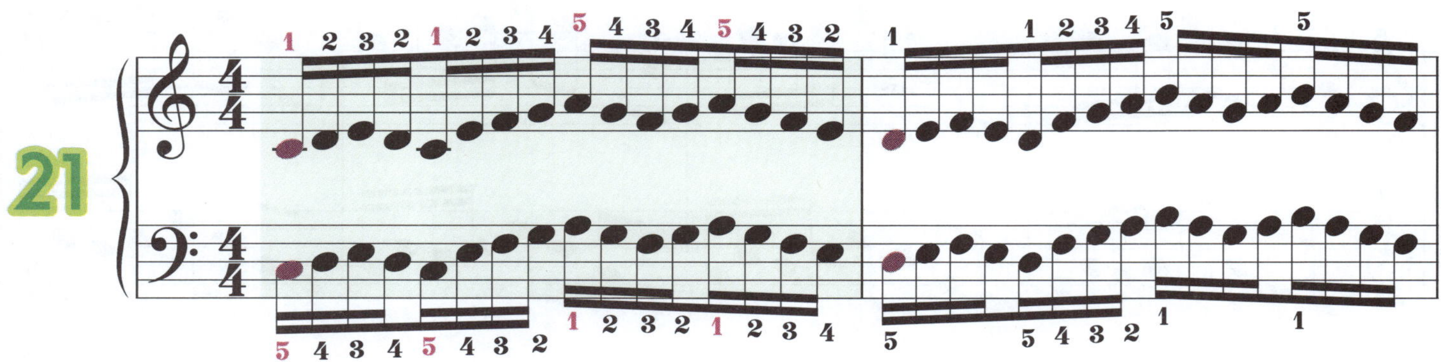

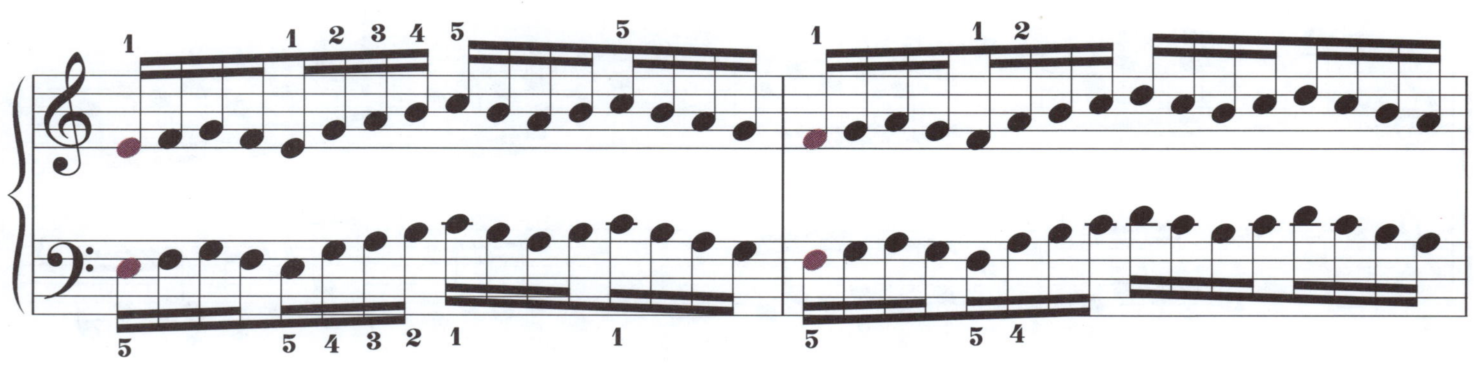

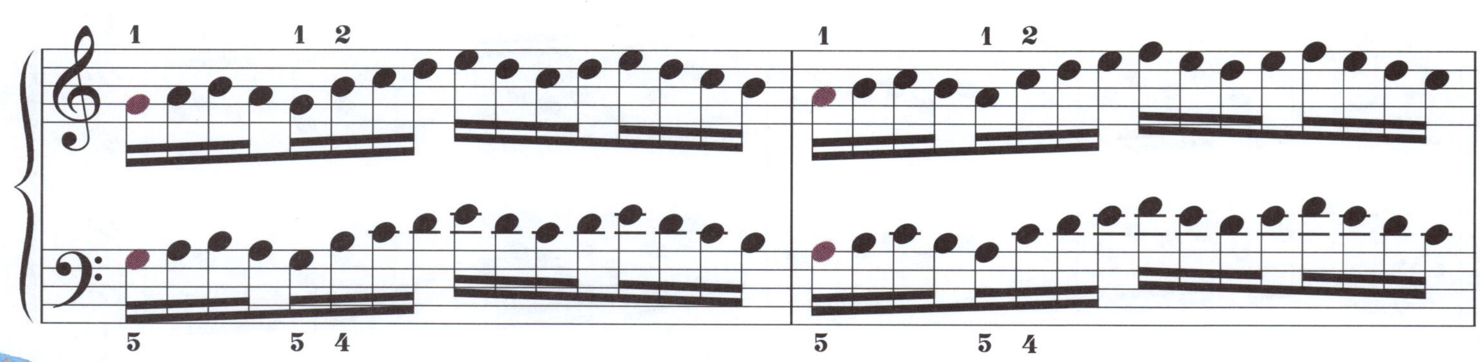

1 21번 부터 30번 까지는 $\frac{4}{4}$박자의 셈여림(강,약,중강,약)을 지켜서 먼저 레가토로 연습합니다.

2 레가토로 충분히 연습한 후에 변형①,②,③을 두가지 형태로 연습합니다.

3 ♩≒60으로 시작하여 ♩≒108까지 레가토로 칠 수 있도록 합시다.

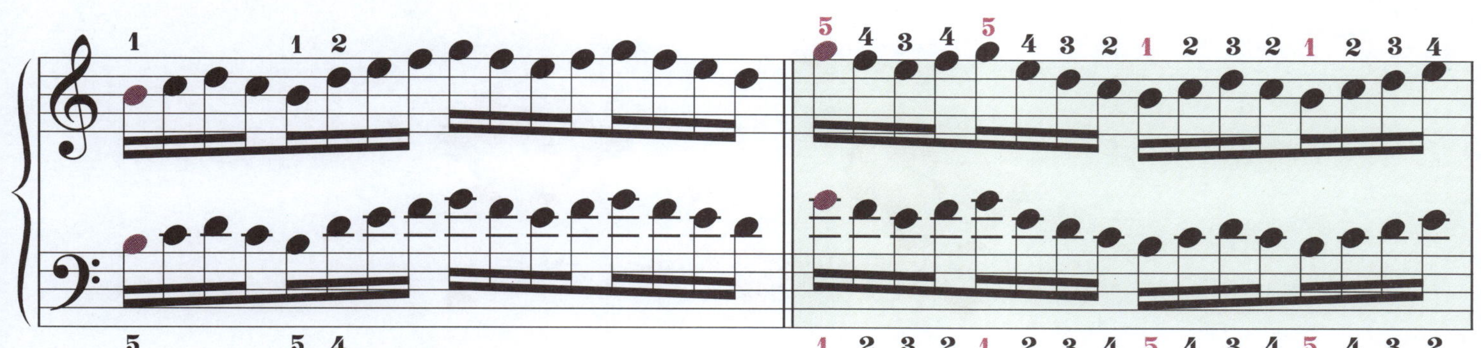

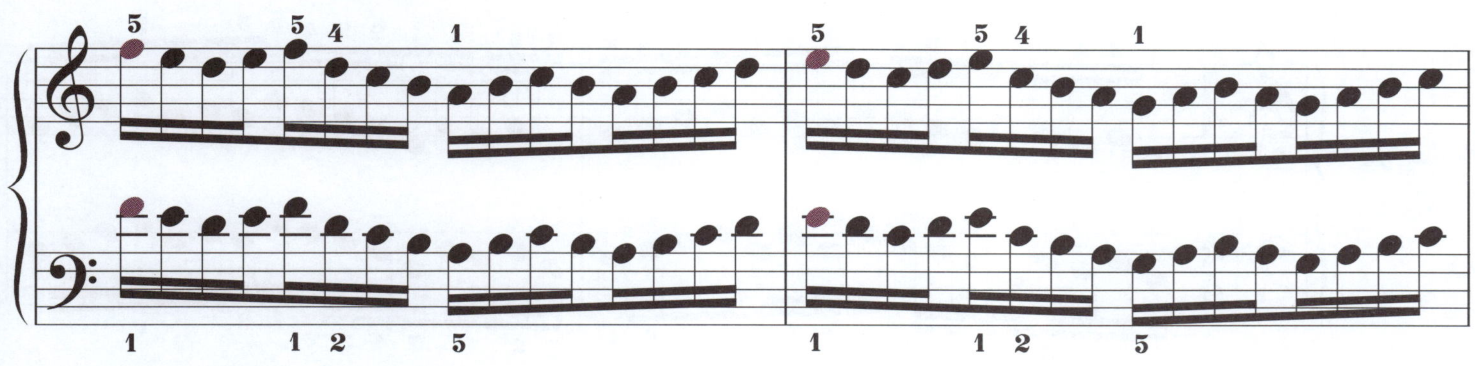

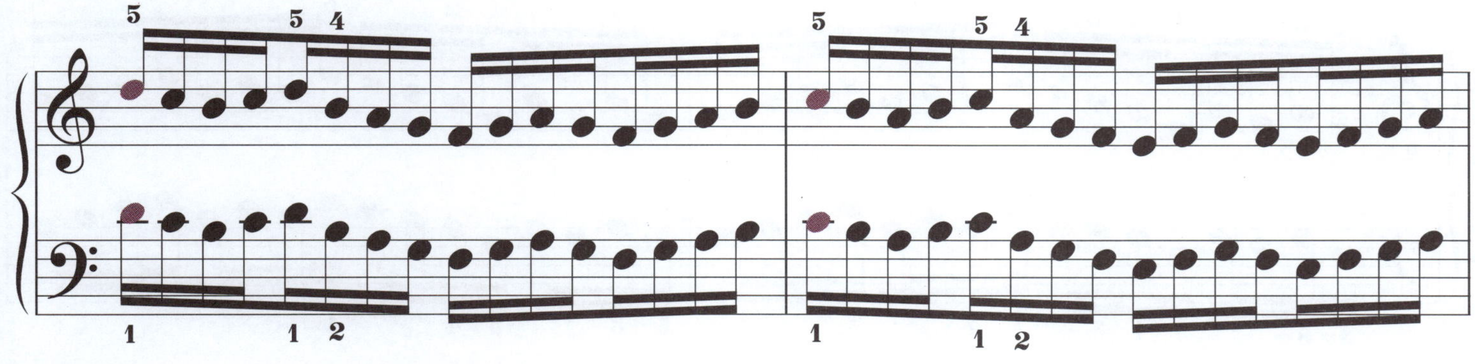

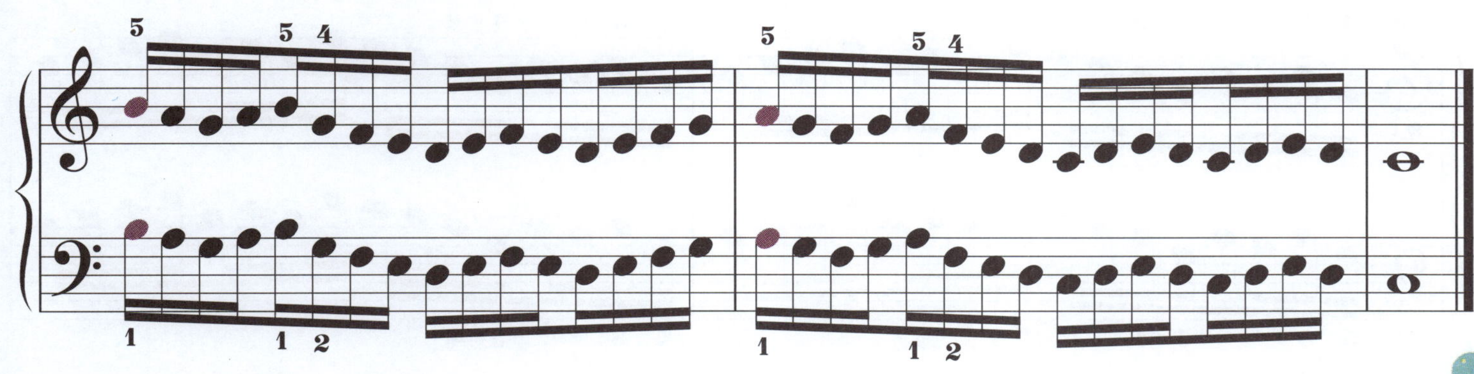

변형 1　**변형 2**　**변형 3**

22

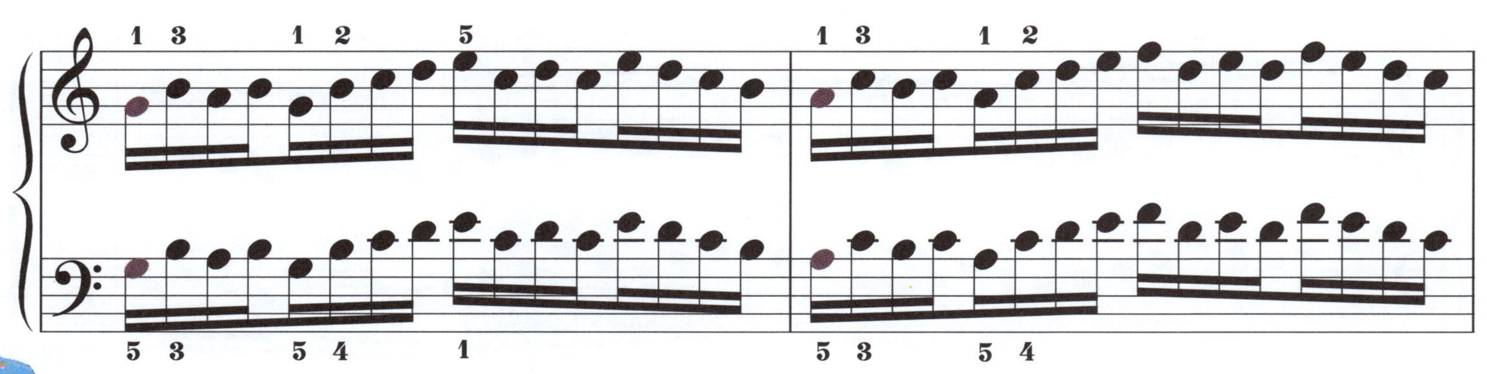

① 오른손 1-2-3-4-5나 왼손 5-4-3-2-1과 같이 손가락이 한 방향으로 진행할 때는
손목의 중심을 같은 방향으로 옮기면 손가락의 자연스런 움직임에 도움이 됩니다.

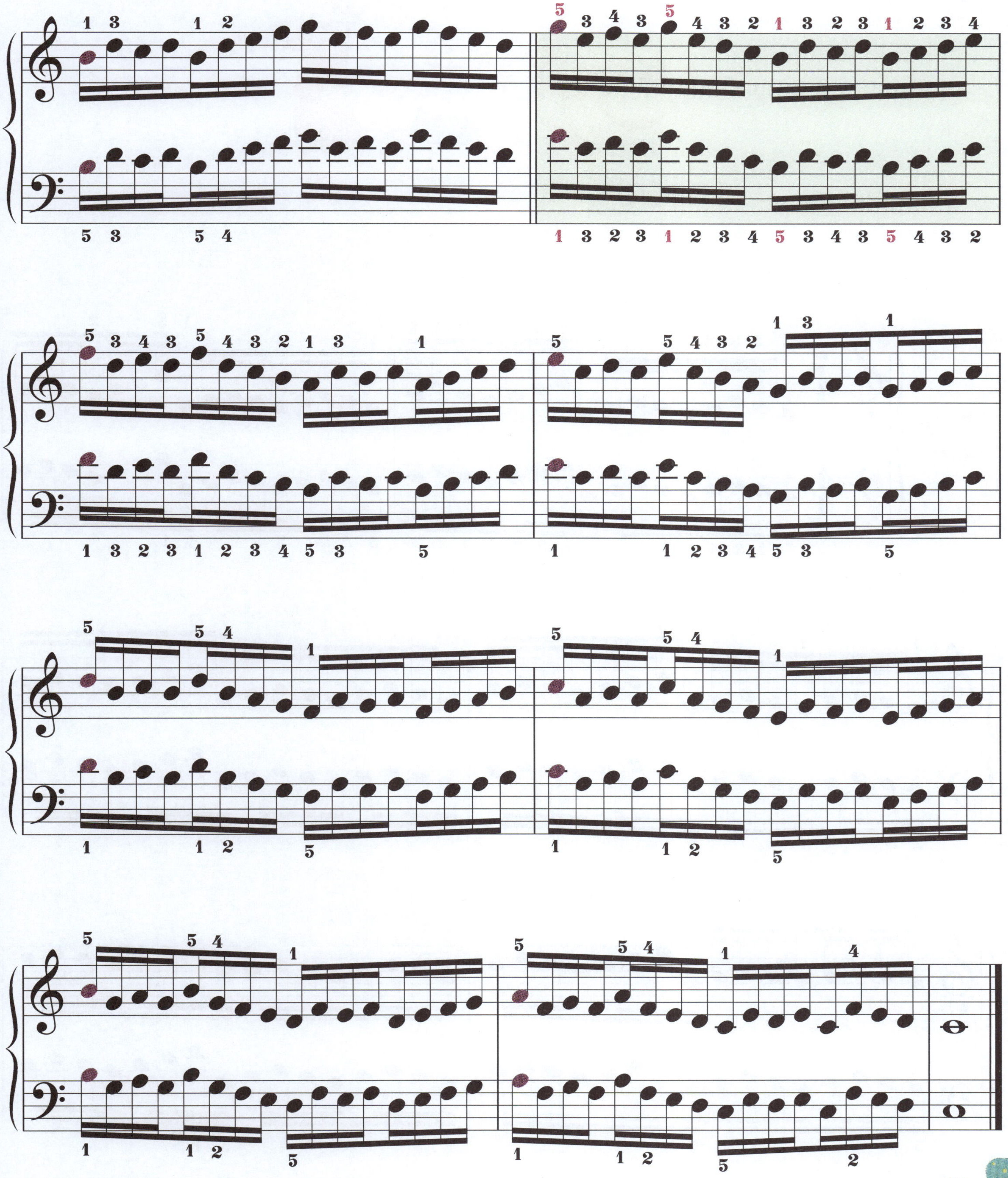

변형 1
변형 2
변형 3
23

① 셋째 박의 오른손 1→5, 왼손 5→1로 6도 도약할 때 앞 박에 악센트를 넣어 치면 도움이 됩니다.
② 다음 리듬으로도 연습 해 보세요.

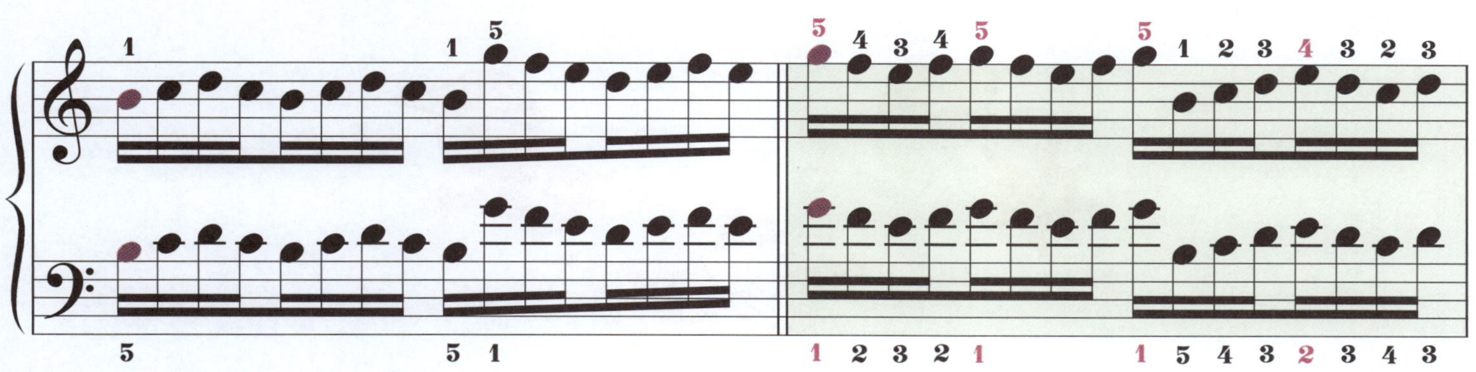

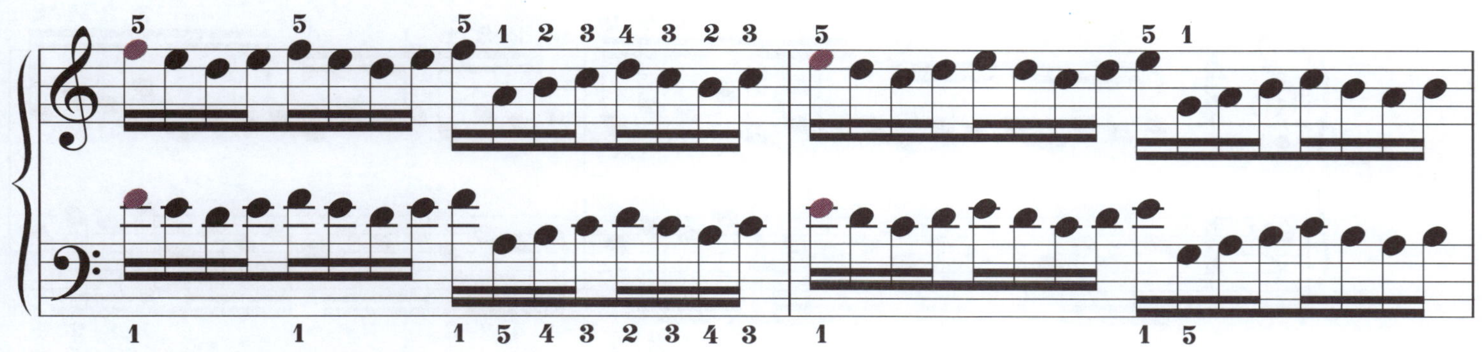

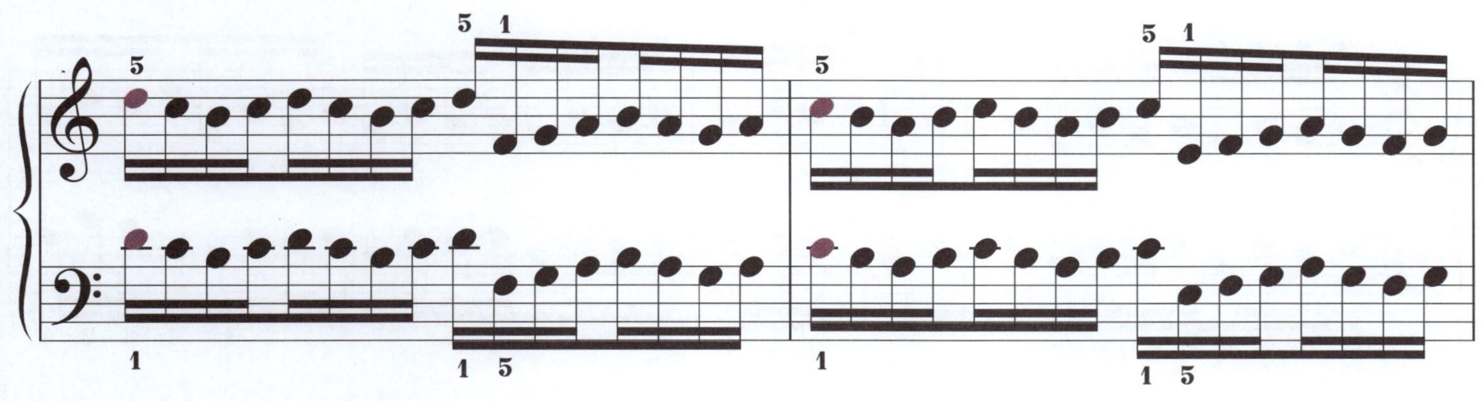

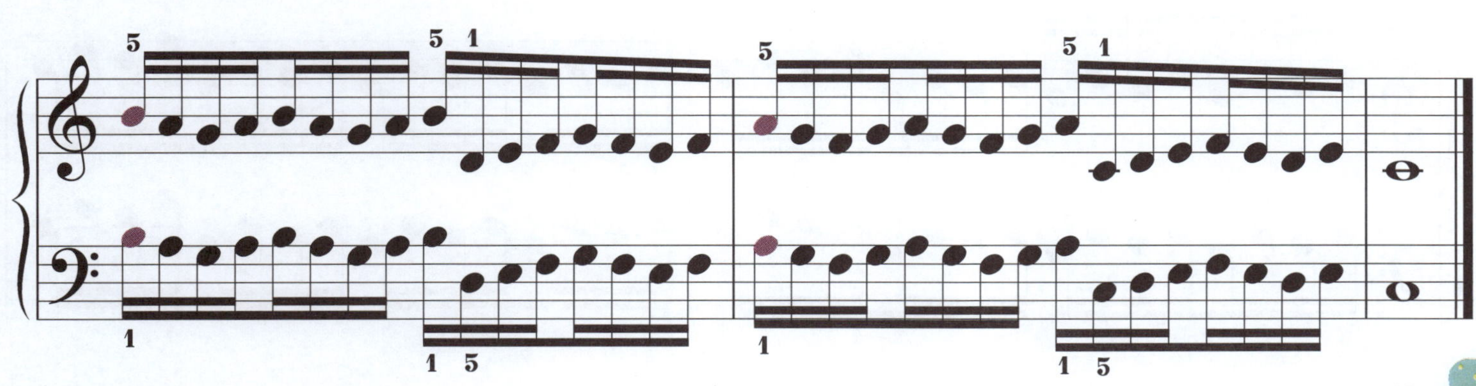

변형
1
변형
2
변형
3
24

❶ 마디의 넷째 박을 다음 마디의 첫 박이라고 생각하면 자연스럽고 고른 타건에 도움이 됩니다.

❷ 다음 리듬으로도 연습해 보세요.

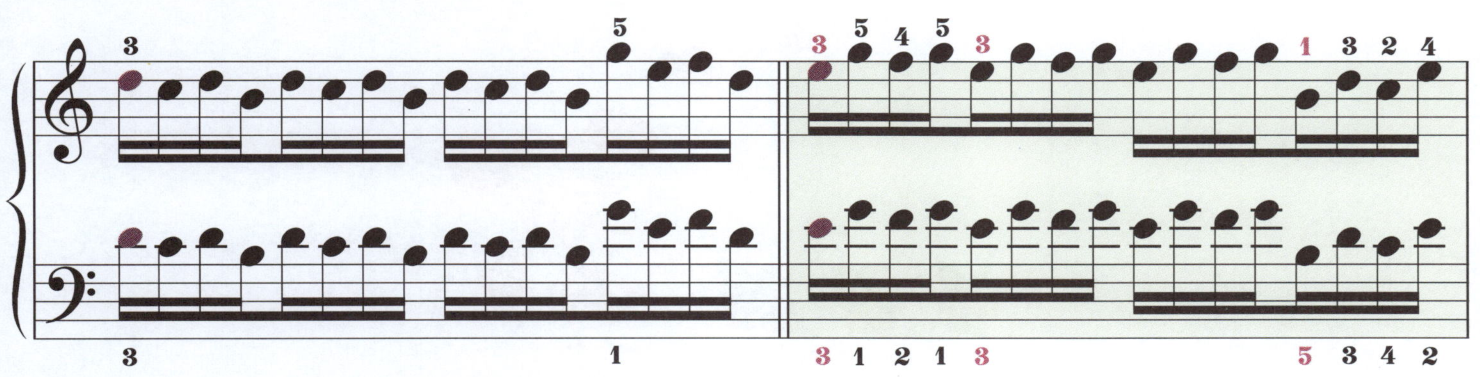

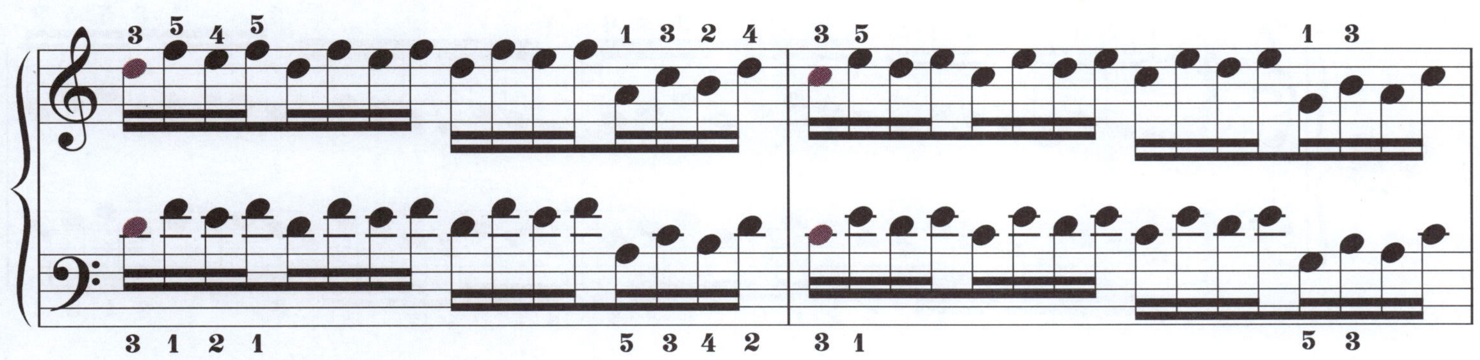

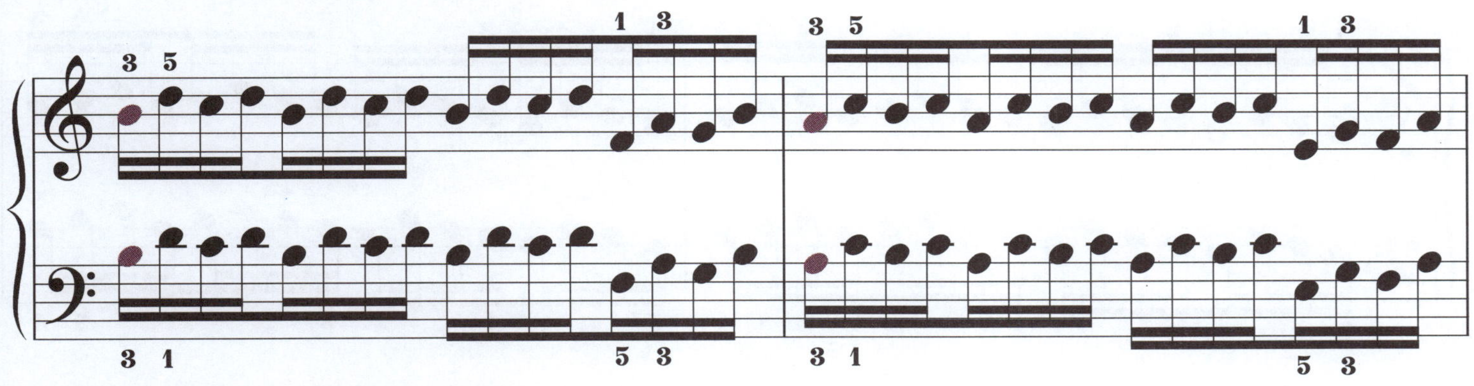

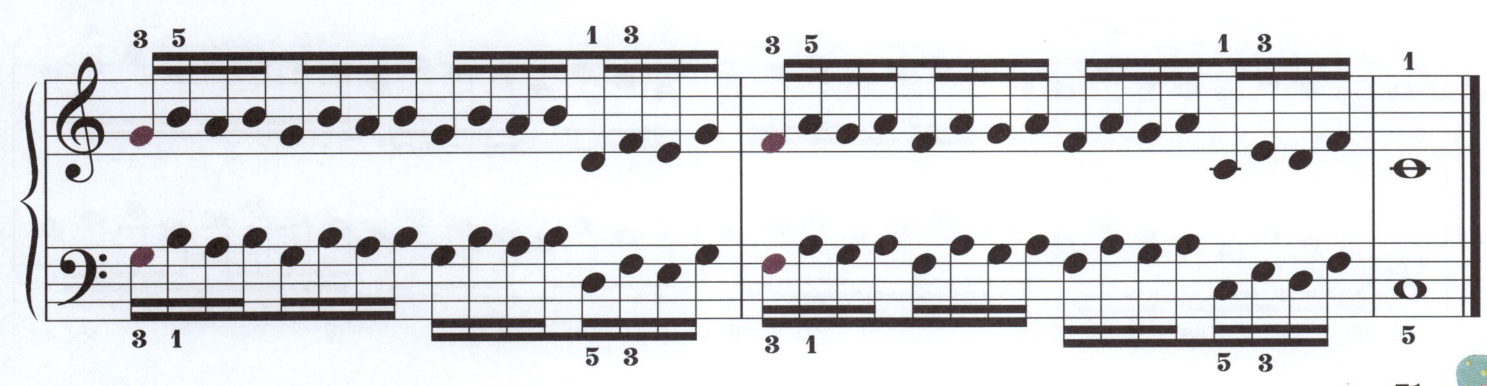

다섯 손가락의 고른 타건을 위한 연습

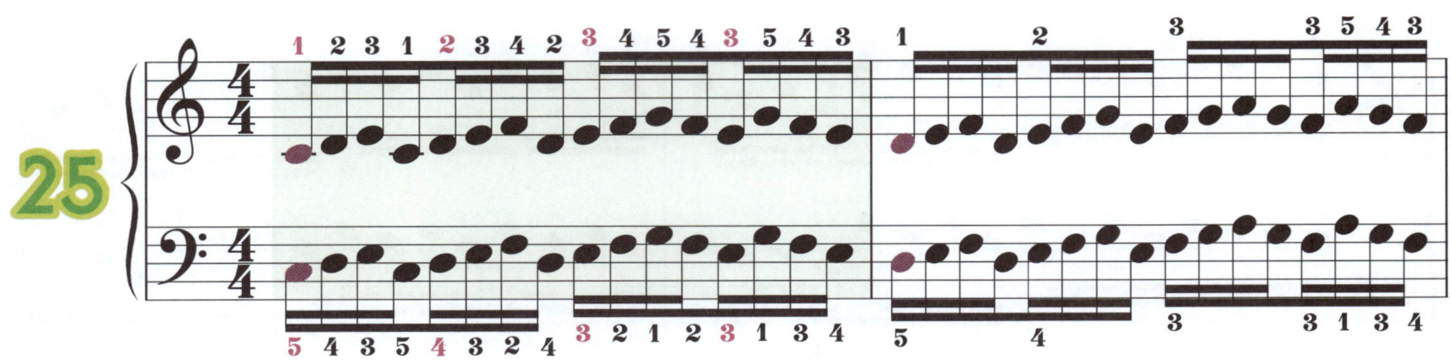

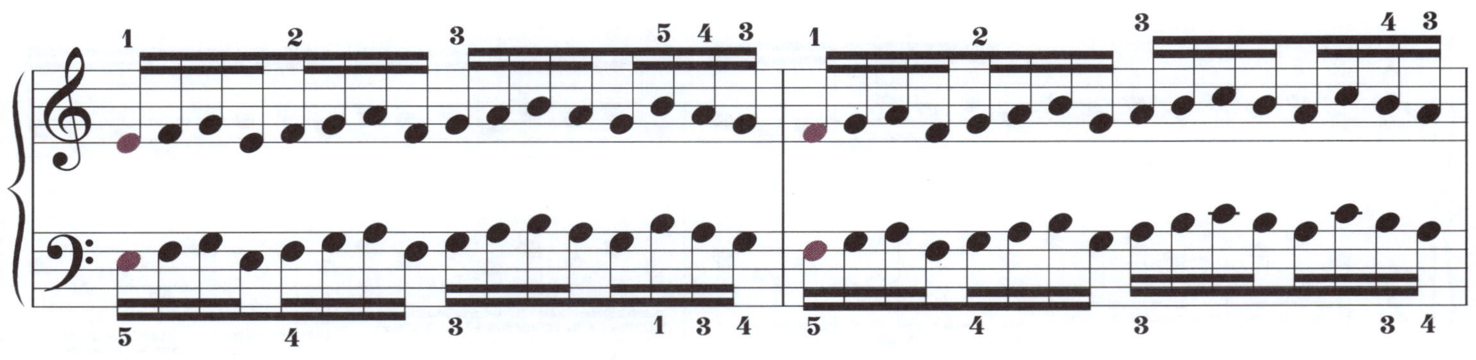

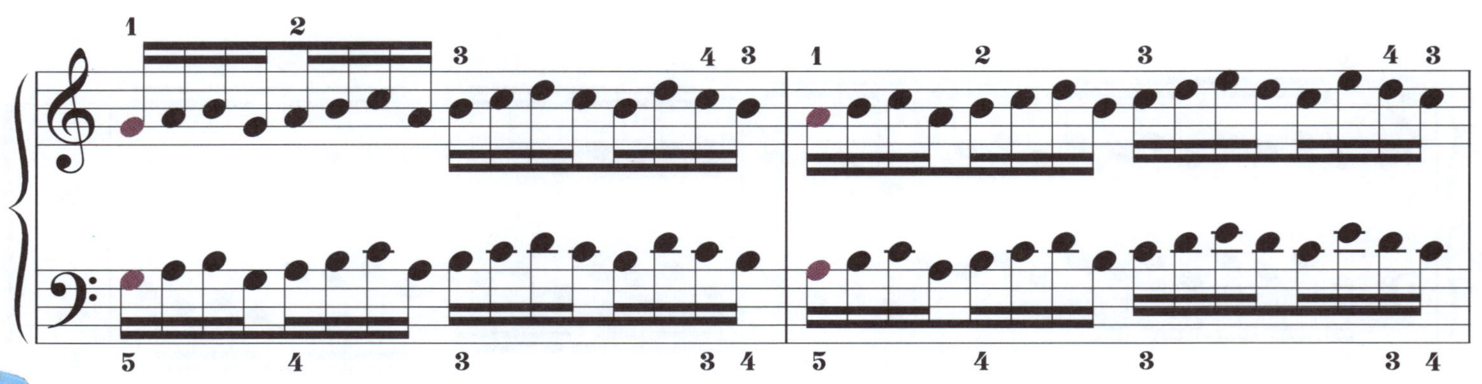

❶ 각 마디의 넷째 박 손가락 번호를 주의해서 연습하세요.

　(상행할 때 왼손 3-1-3-4 , 하행할 때 오른손 2-1-3-4)

❷ 다음 리듬으로도 연습해 보세요.

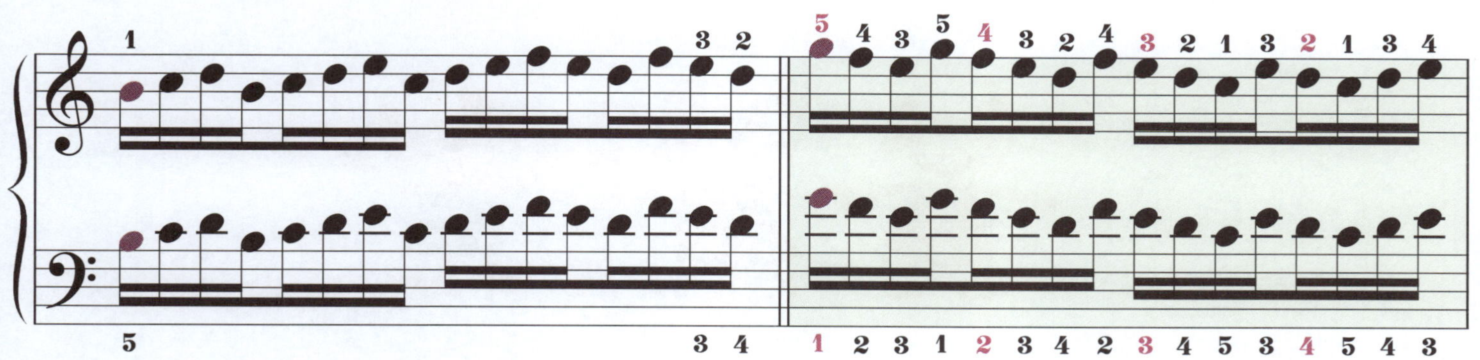

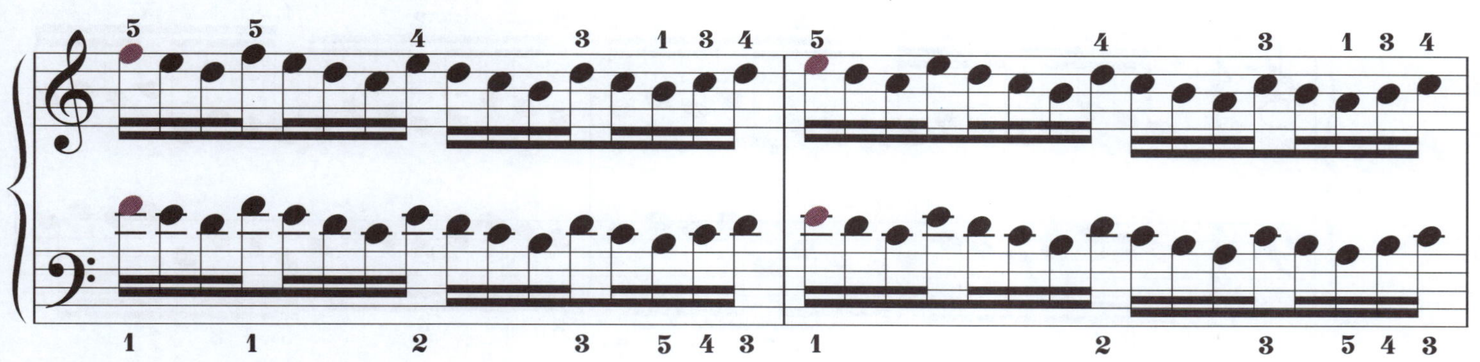

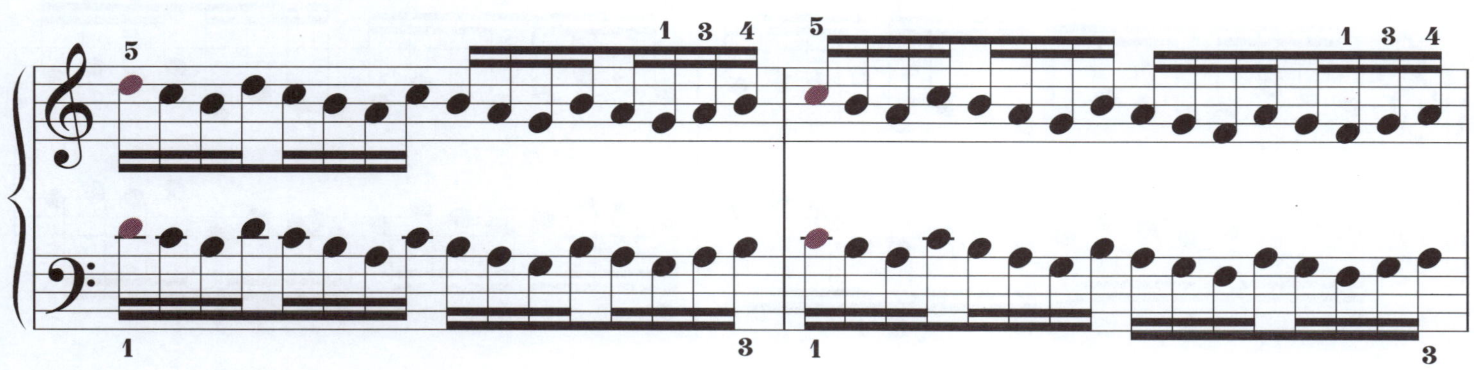

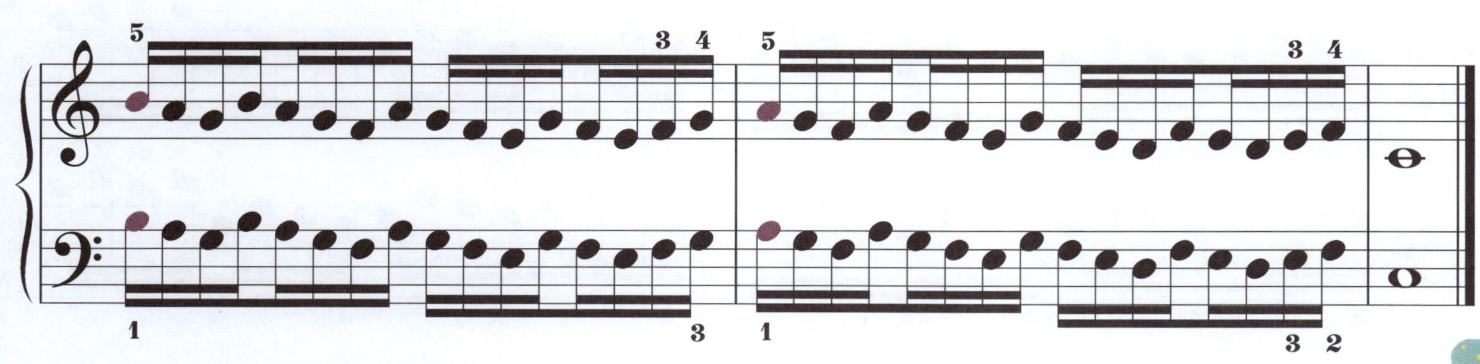

54

① 상행할 때 6도 도약은 진행하는 방향으로 손목의 중심을 옮기면 고른 타건에 도움이 됩니다.
② 다음 리듬으로도 연습해 보세요.

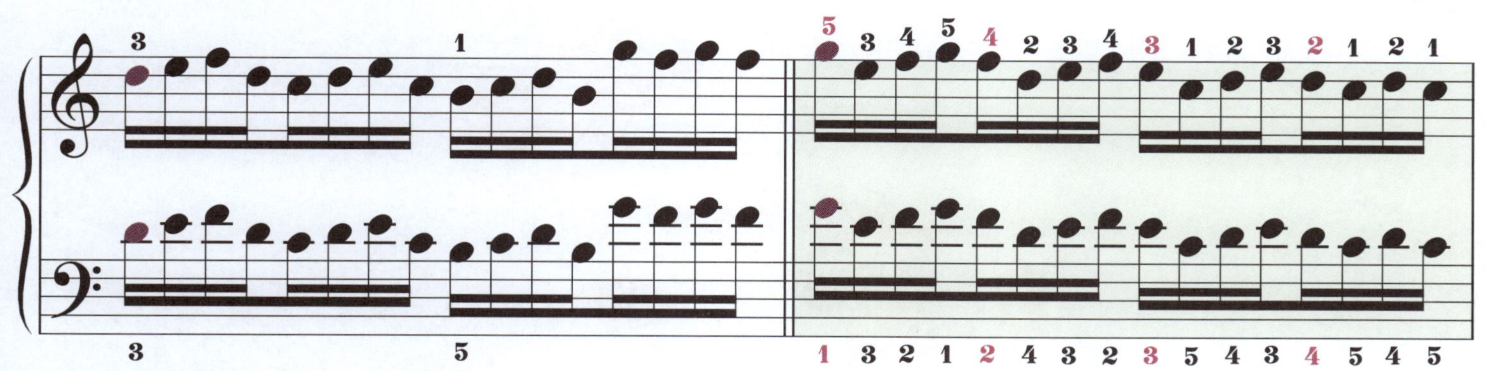

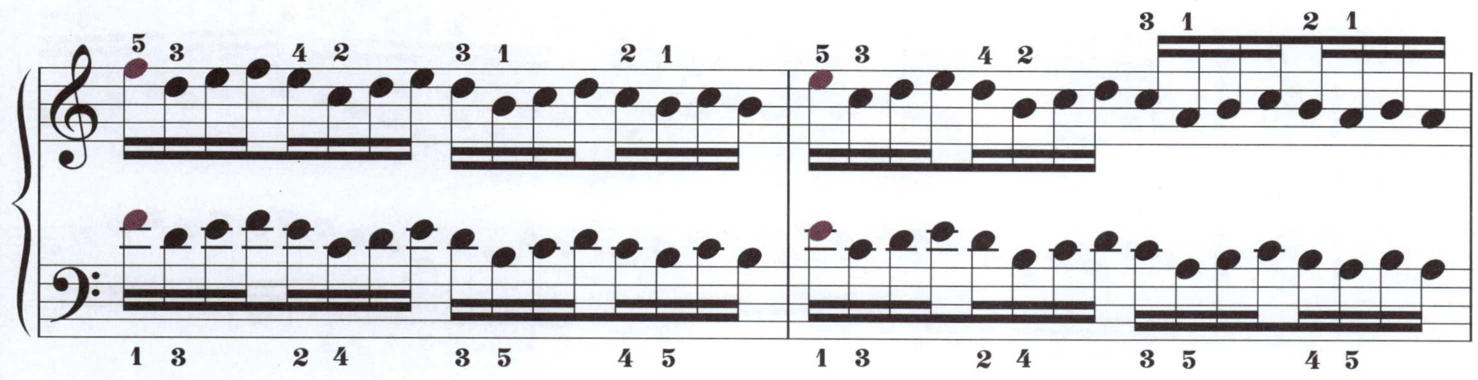

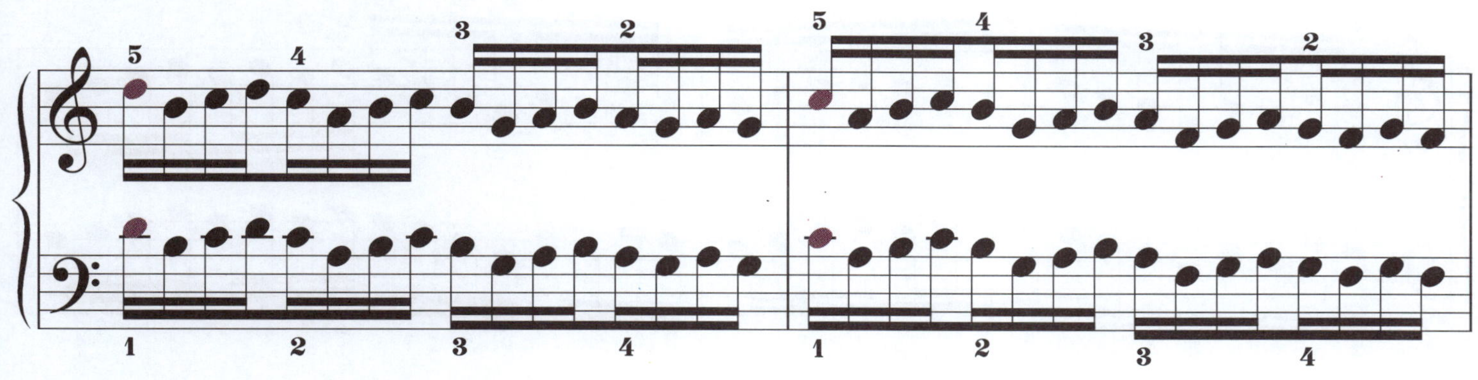

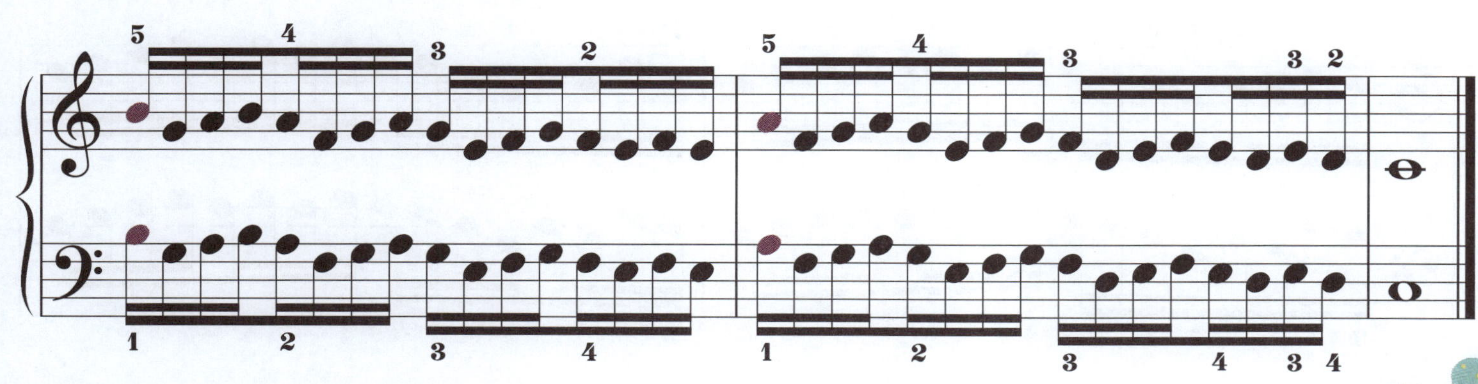

변형 1
변형 2
변형 3
27

① 각 마디의 셋째 박부터 트릴 예비연습이므로 셋째 박에 악센트를 넣어 연습하세요.

② 상행할 때는 ————◁, 하행할 때는 ▷———— 로 연습하면 효과적입니다.

③ 다음 리듬으로도 연습해 보세요.

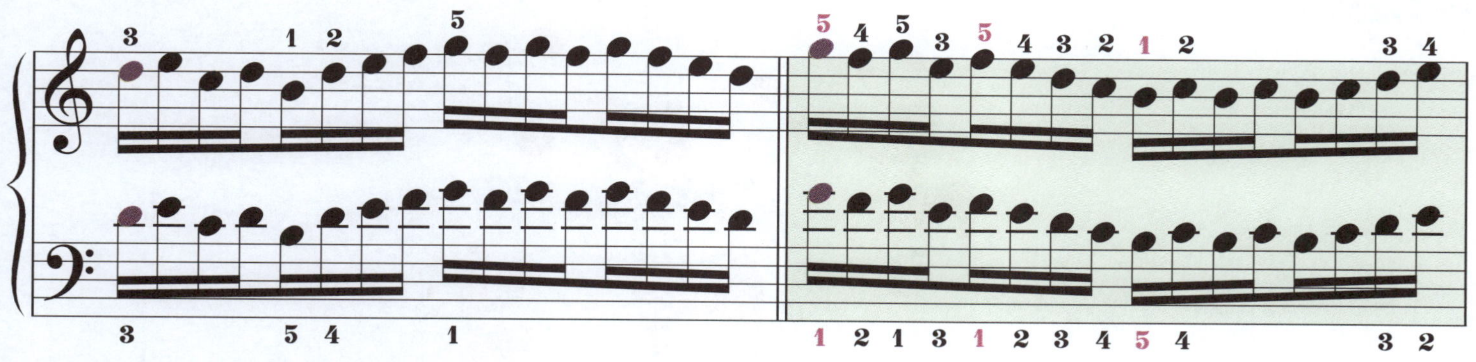

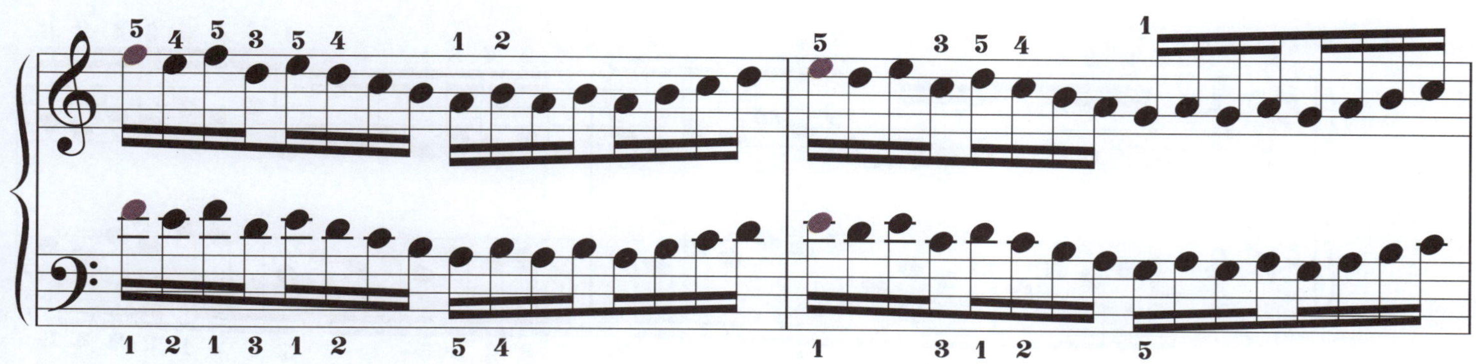

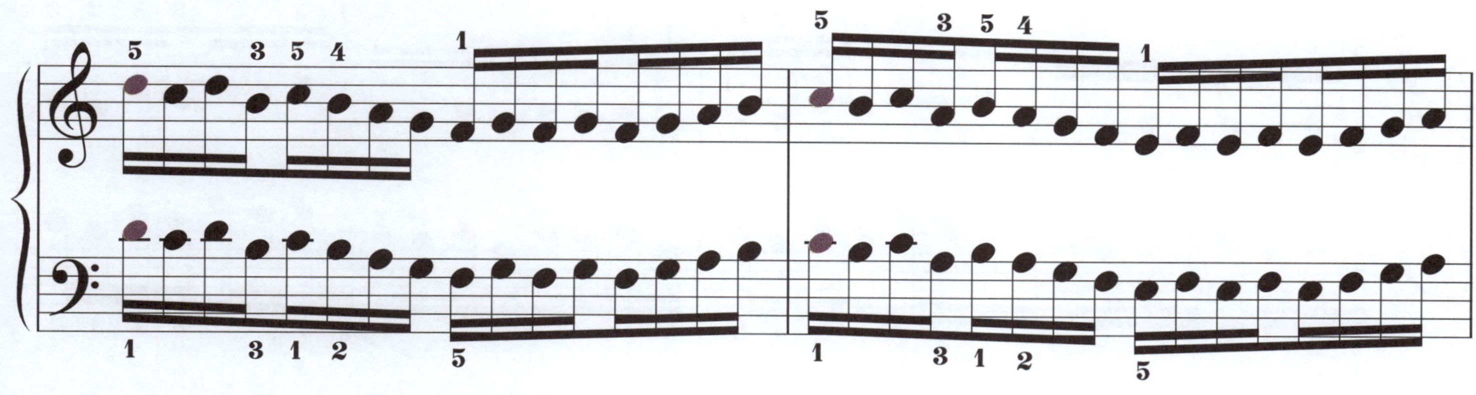

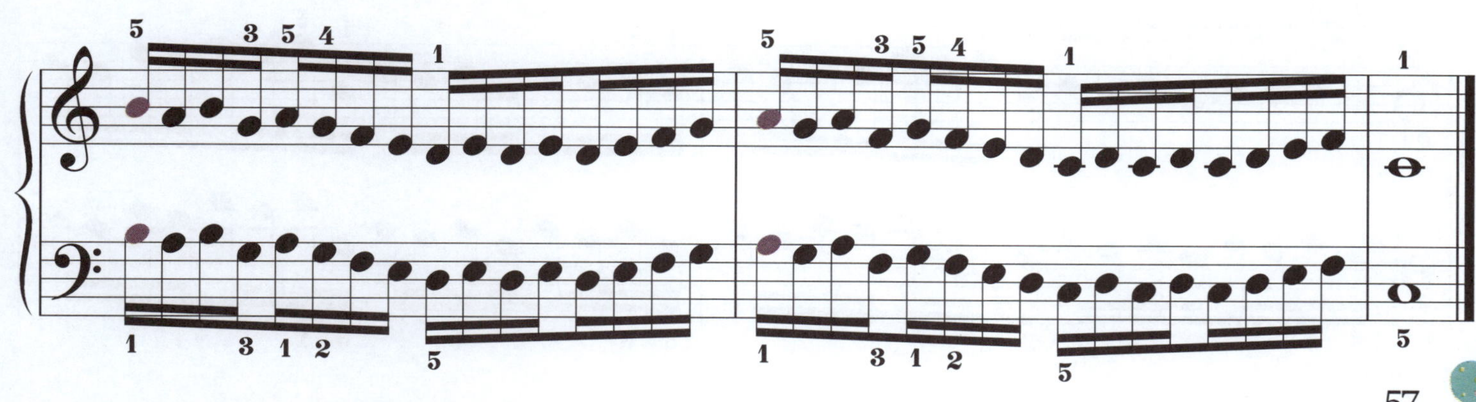

변형
1
변형
2
변형
3
28

① 각 마디 셋째 박의 6도 음정을 칠 때 뒤의 음에 악센트가 들어가지 않도록 주의합시다.

② 다음 리듬으로도 연습해 보세요.

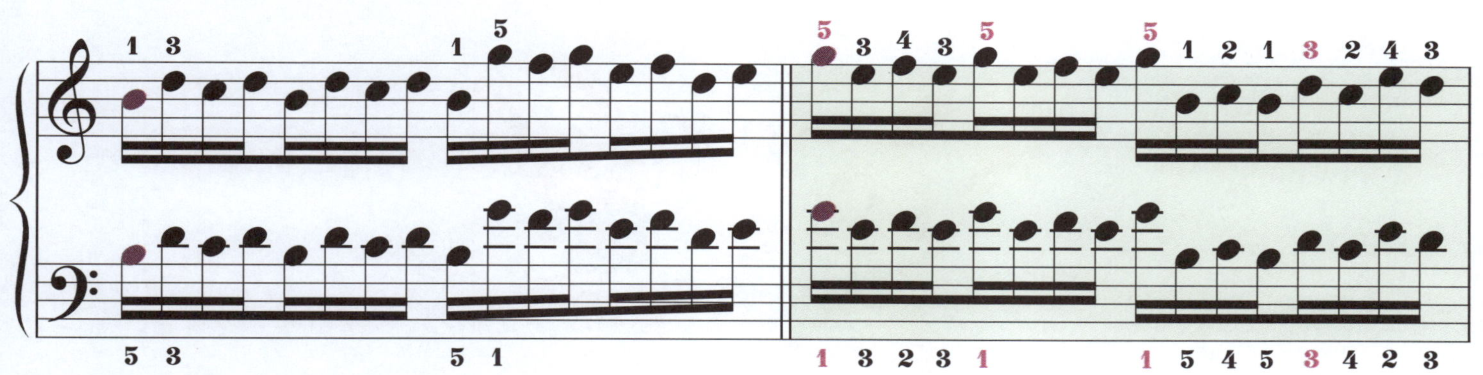

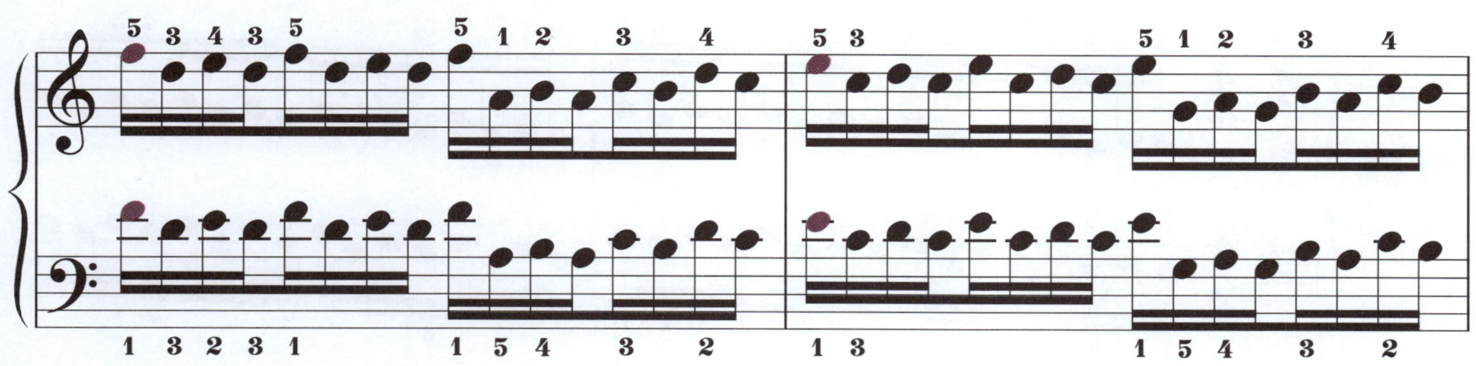

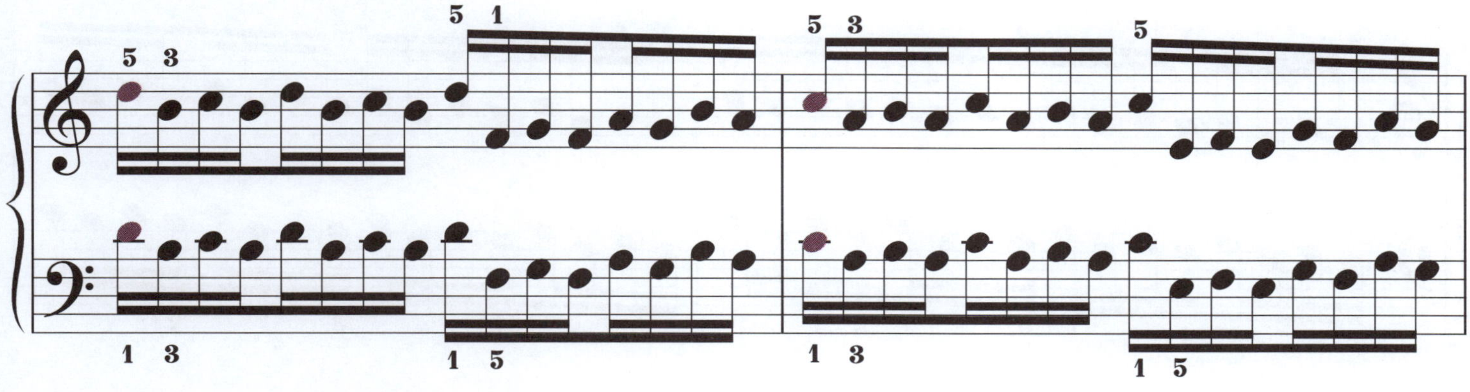

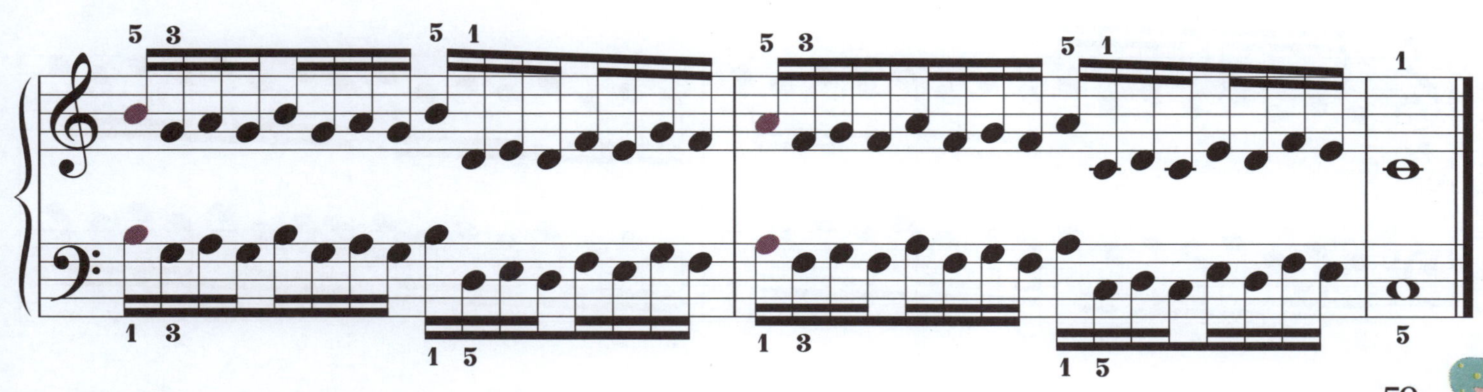

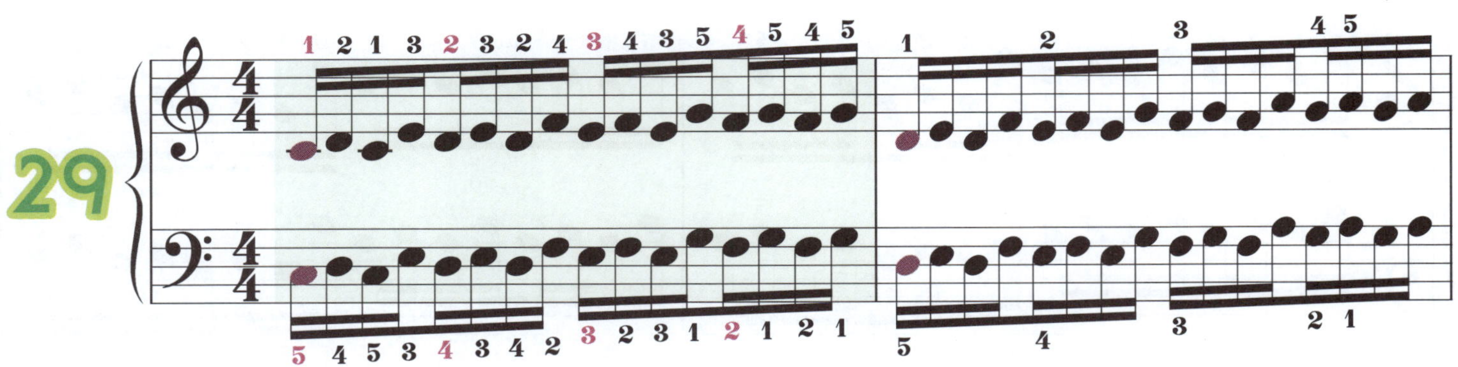

29

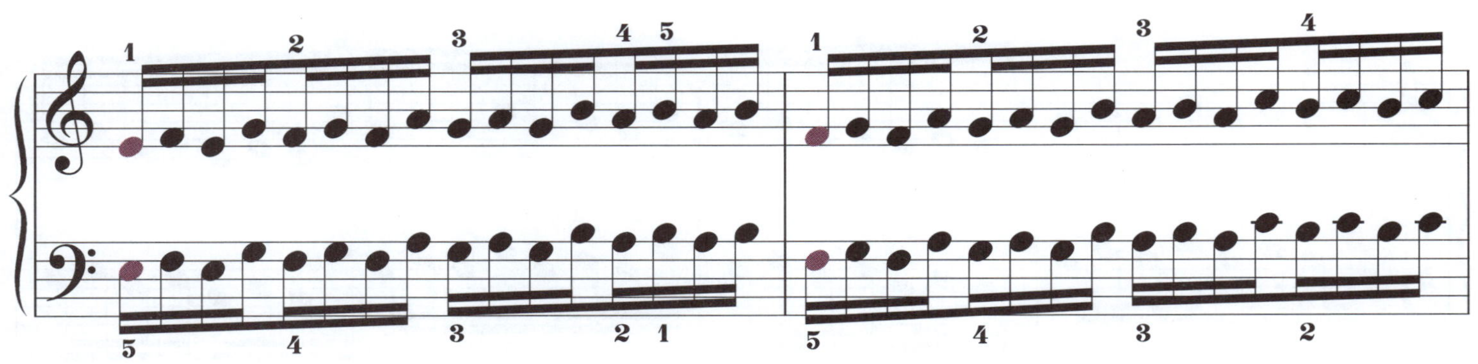

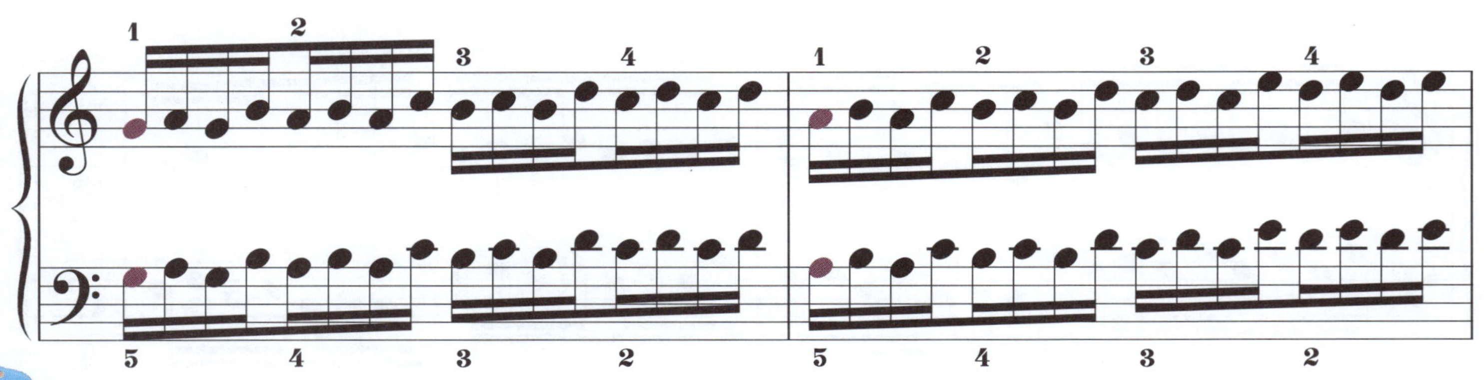

① 한 음 한 음을 정확하고 고르게 하기 위해서는 다섯 손가락의 힘을 균일하게 배분 해야 합니다.

② 다음 리듬으로도 연습해 보세요.

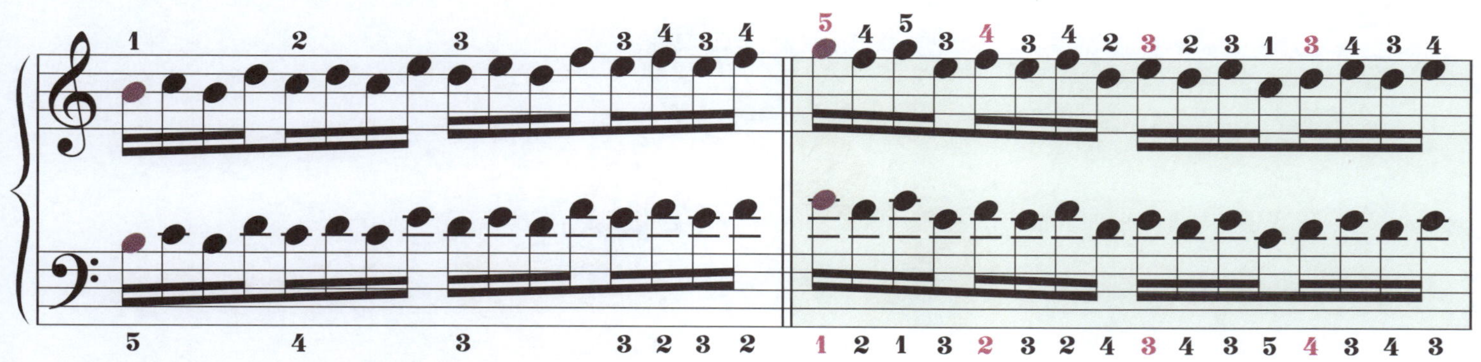

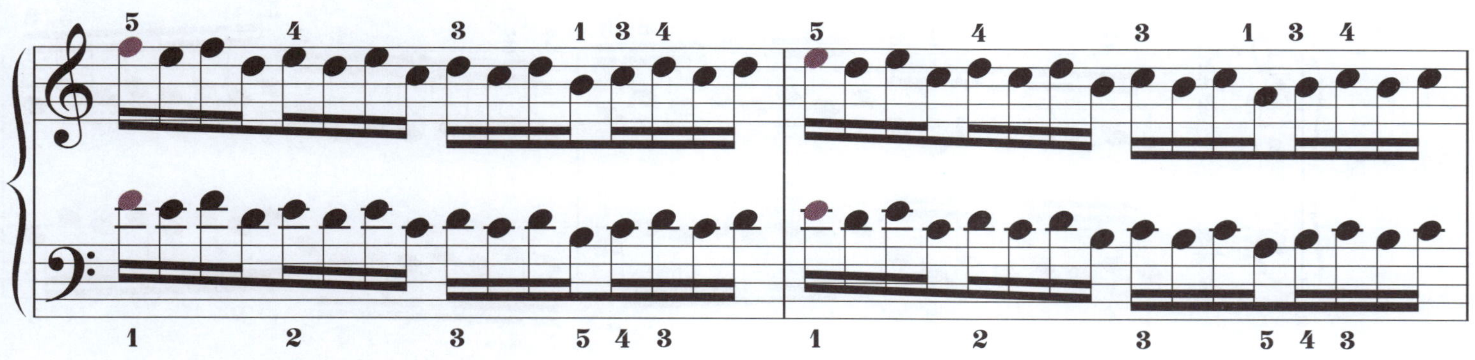

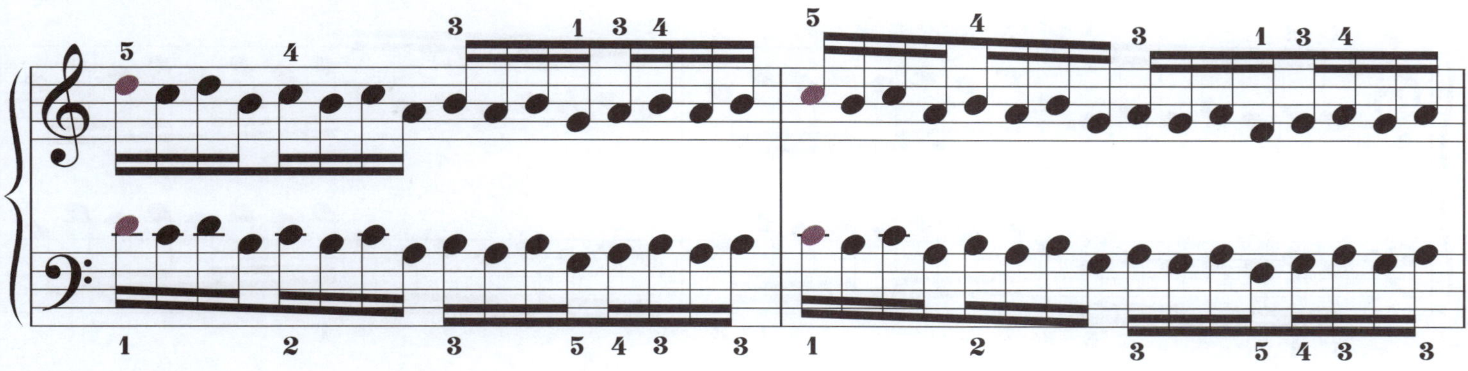

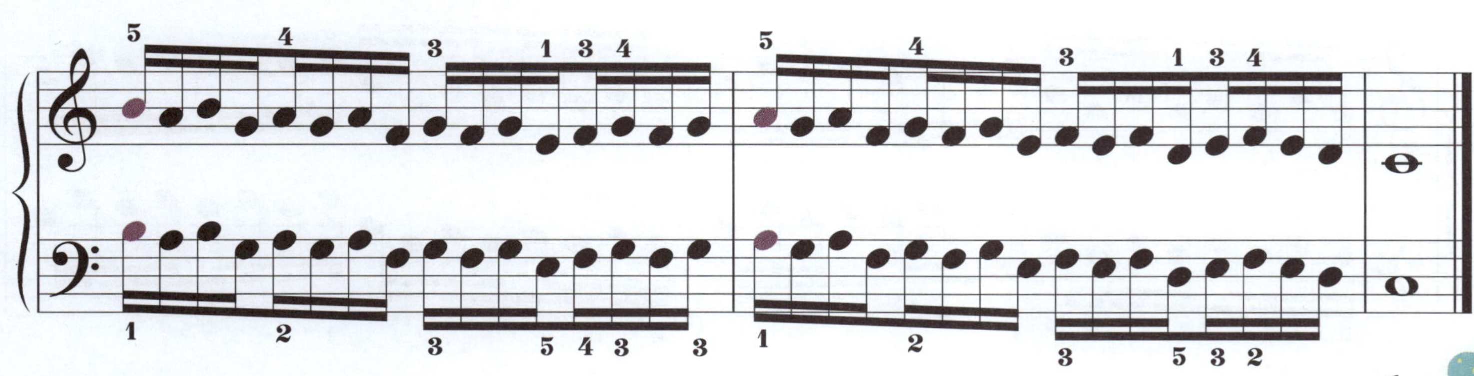

변형
1
변형
2
변형
3
30

❶ 손가락 힘으로만 타건하지 말고 손목을 이용하여 균형을 잡아주면 도움이 됩니다.
❷ 다음 리듬으로도 연습해 보세요.

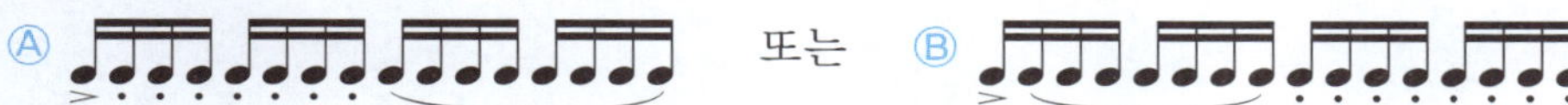

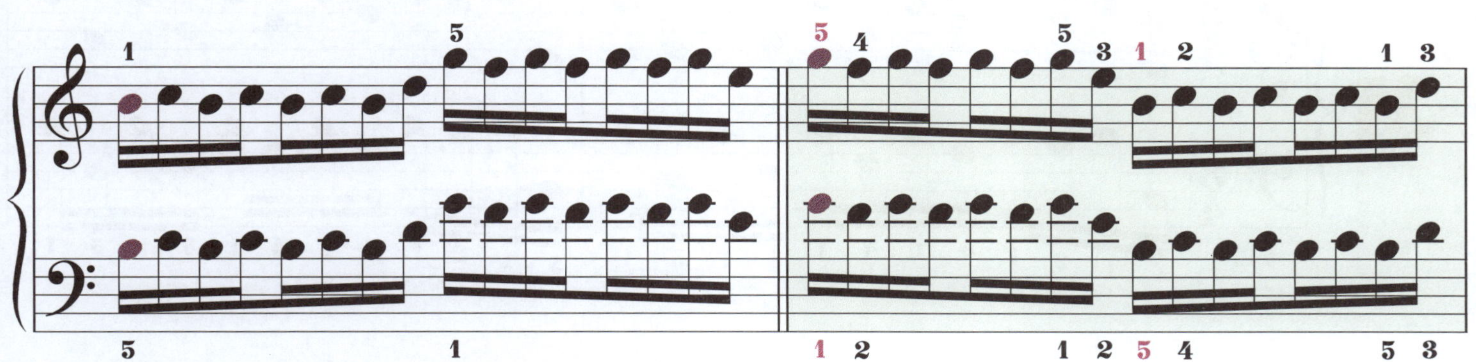

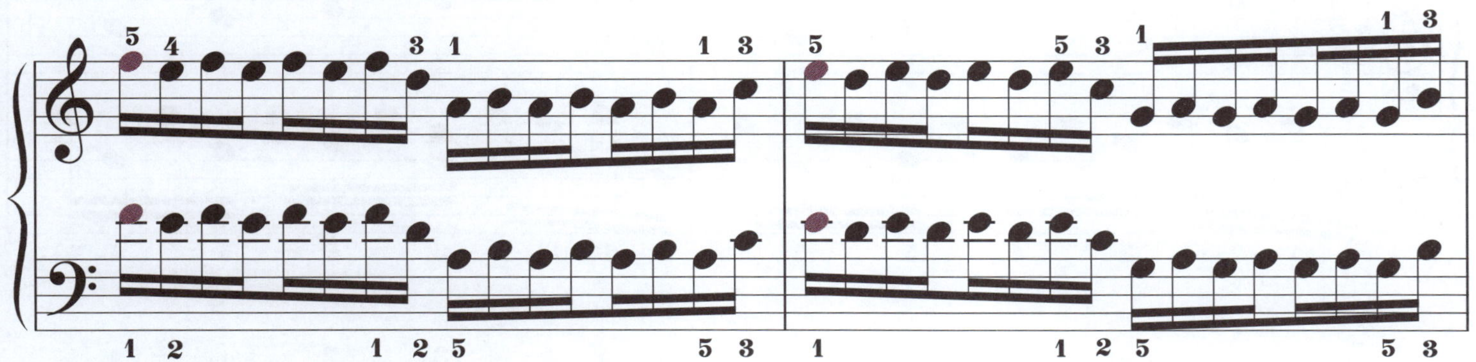

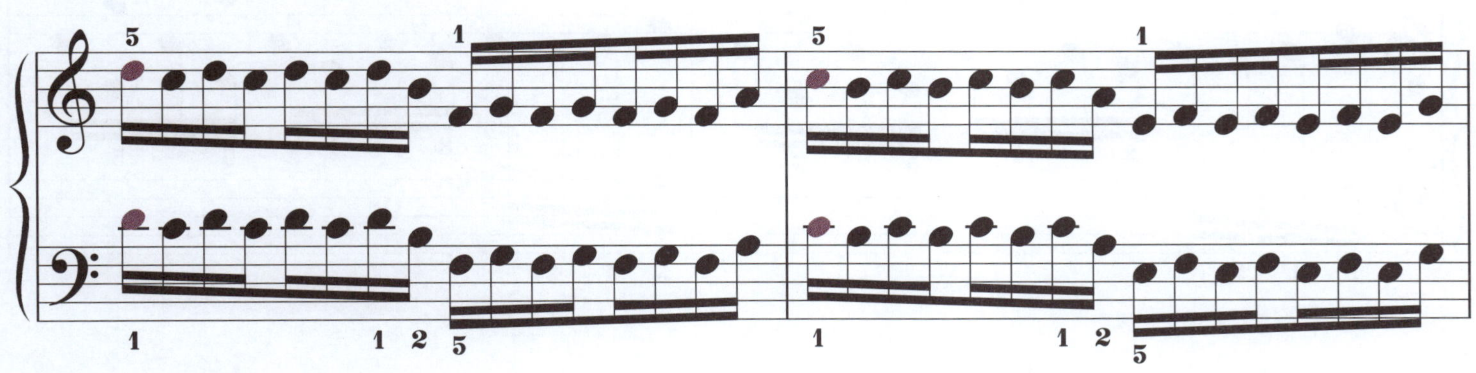

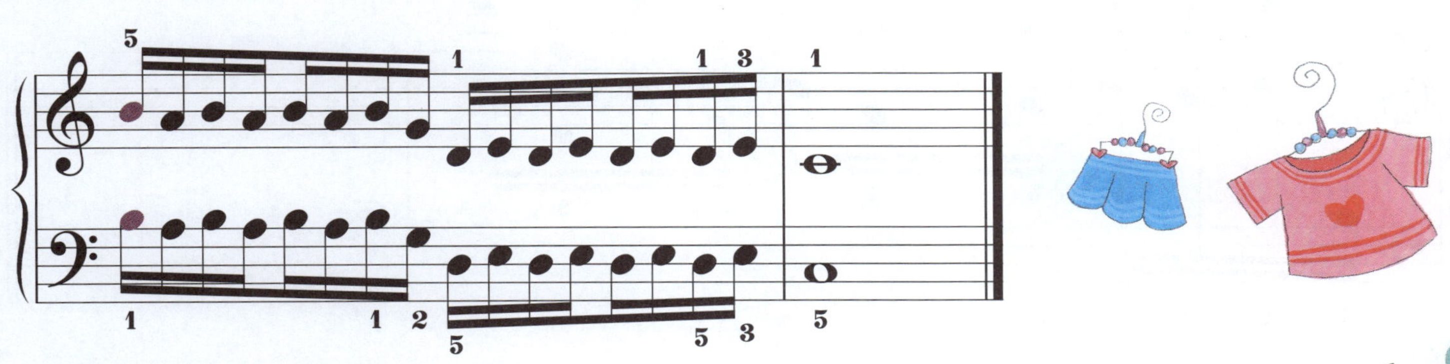

음계와 아르페지오

음계와 아르페지오 역시 고르게 칠 수 있는 손가락 끝의 힘과 릴랙스가 중요합니다.
아래 다장조의 예를 참고로 하여 여러 가지 리듬으로 연습하기 바랍니다.
한 손씩 충분히 연습한 후에 양손으로 연습하세요.

리듬 변형의 예

다장조(C Major)
음계
C F C G C
아르페지오

사장조(G Major)

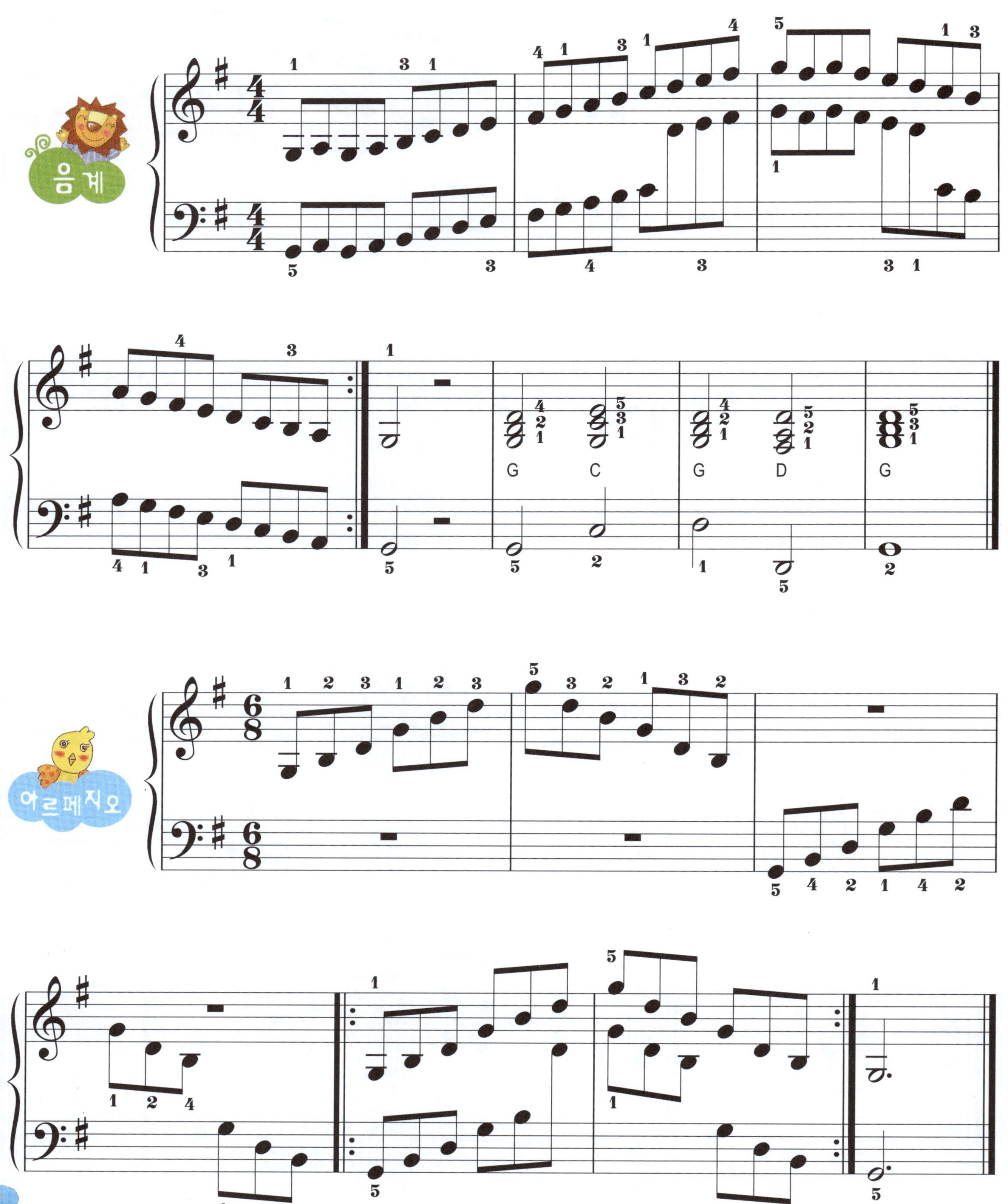

음계

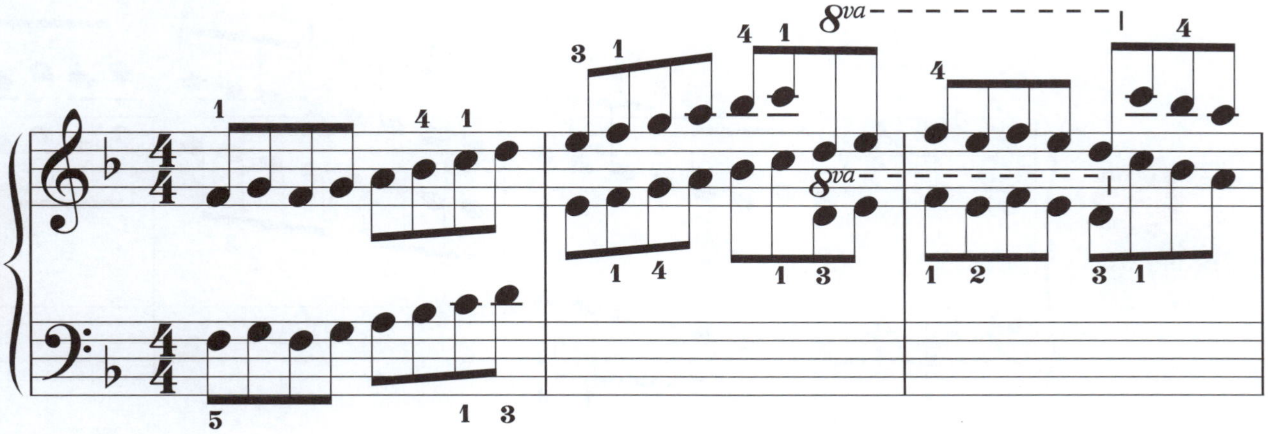

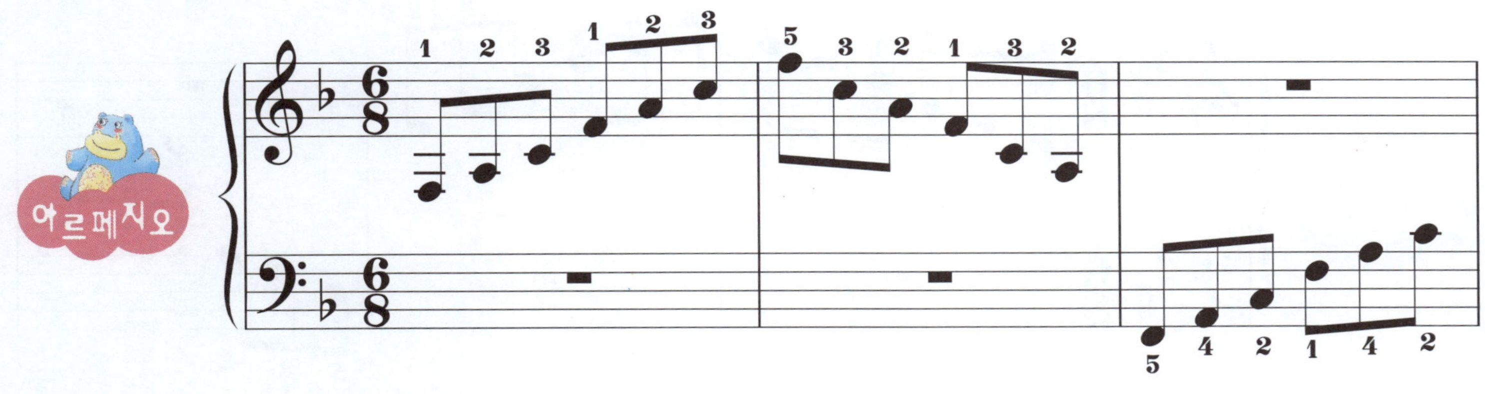

아르페지오

라장조(D Major)

내림나장조(B♭ Major)

음계
아르페지오
B♭ E♭ B♭ F B♭

가장조(A Major)

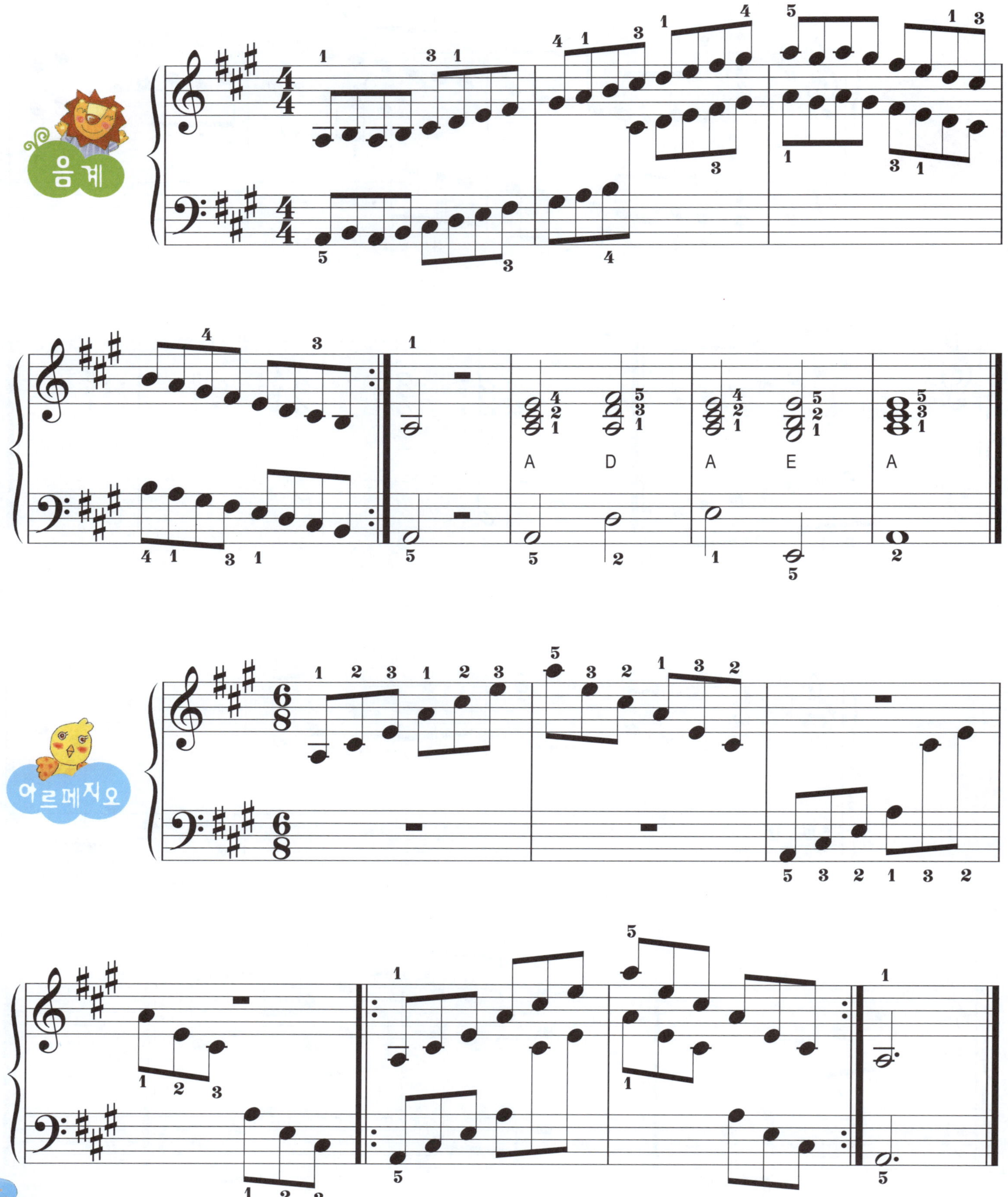

내림마장조(E♭ Major)
음계
아르페지오

가단조(a minor)
음계
아르페지오

마단조(e major)
음계
아르페지오

라단조(d minor)

나단조(b minor)
음계
아르페지오

사단조(g minor)
음계
아르페지오

다단죠(c minor)

음계
아르페지오

발 행 처 아름출판사
주   소 경기도 고양시 덕양구 독곶이길 171(주교동)
http://www.armusic.co.kr
전   화 (031)977-1881~2(영업부)
(031)977-1883~4(편집부)
팩   스 (031)977-1885
등   록 1987년 12월 9일 제2001-7호

편 저 자 아름뮤직아카데미
발 행 인 성강환
편 집 인 편집부

디 자 인 : 김혜진, 김수영, 윤지은
표지그림 : 정혜숙

ISBN 89-8377-493-4   03670